파이썬 웹 스크래핑 2/e

파이썬 웹 스크래핑 2/e

수많은 데이터 사이에서
필요한 정보 수집하기

캐서린 자멀 · 리차드 로손 지음

김용환 옮김

Packt>

| 지은이 소개 |

캐서린 자멀 Katharine Jarmul

독일 베를린에 살고 있는 데이터 과학자이자 파이썬 개발자다. 여러 기업을 대상으로 데이터 추출, 수집, 모델링과 같은 서비스를 제공하는 데이터 과학 컨설팅 회사인 Kjamistan을 운영하고 있다. 그녀는 2008년부터 파이썬으로 프로그램을 개발하고 있으며, 2010년부터 파이썬으로 웹을 스크래핑하기 시작했다. 데이터 분석과 머신 러닝을 하기 위해 웹 스크래핑을 활용하는 다양한 회사에서 일한 적이 있다. 웹을 스크래핑하지 않을 때는 트위터(@kjam) 또는 블로그(https://blog.kjamistan.com)를 통해 자신의 생각과 활동을 작성하고 있다.

리차드 로손 Richard Lawson

호주 출신이며 멜버른 대학교에서 컴퓨터 과학을 전공했다. 졸업 후 50여 개국에서 원격으로 작업하면서 세계를 여행하며 웹 스크래핑 전문 회사를 세웠다. 유창한 에스페란토 연설자이며 만다린어와 한국어로 회화가 가능하며 오픈 소스 소프트웨어 기여와 번역에 적극적이다. 현재 옥스포드 대학에서 대학원 과정을 공부하고 있으며 여가 시간에는 자율 비행 드론 개발을 즐긴다. 링크드인(https://www.linkedin.com/in/richardpenman)에서 그의 이력을 확인할 수 있다.

디미트리오스 쿠지스루카스 Dimitrios Kouzis-Loukas

여러 회사에서 15년 이상의 소프트웨어 시스템을 개발한 경험이 있다. 최근 프로젝트는 아주 낮은 대기 시간과 고가용성 요건을 갖춘 분산 시스템이다. 그는 어떠한 프로그래밍 언어를 사용하는 데 부담을 갖지 않지만 C++과 파이썬을 조금 더 선호한다. 오픈 소스를 확고히 믿으며 자신의 기여가 인류 전체뿐만 아니라 개인 공동체에도 도움이 될거라 믿는다.

라자르 텔레백 Lazar Telebak

파이썬 라이브러리/프레임워크를 사용해 웹 페이지를 스크래핑, 크롤링, 인덱싱을 전문으로 하는 전문인 프리랜서 웹 개발자다.

CSV, JSON, XML, TXT, MongoDB, SQLAlchemy, Postgres 등의 다양한 포맷으로 데이터를 크롤링하고 익스포트(export)하는 자동화 및 웹 사이트 스크래핑을 다루는 프로젝트에서 주로 작업했다. 또한 HTML, CSS, JavaScript, jQuery와 같은 프론트 엔드 기술과 언어에 대한 경험을 갖고 있다.

| 옮긴이 소개 |

김용환(knight76@gmail.com)

알티캐스트, 네이버, SK Planet, 라인을 거쳐 현재 카카오에서 개발자로 일하고 있다. 현재 마흔 세 살의 평범한 개발자로 다양한 도전에서 에너지를 얻으며, 개발과 실무 경험을 블로그(http://knight76.tistory.com)에 기록하고 있다. 정보통신산업진흥원(NIPA) 산하의 소프트웨어공학포털에 개발 관련 내용을 공유했고 여러 곳에서 그동안 쌓은 개발 지식을 발표하고 있다. 번역을 하다 보니 어느덧 12번째 책이다.

| 옮긴이의 말 |

카카오스토리를 개발할 때 스크래퍼 툴에 이상한 매력을 느꼈다. 스크래퍼 툴을 사용해 웹을 스크래핑할 때 특정 태그 정보와 사진을 추출해서 사용자들이 스크랩 정보를 글로 작성하기 전에 미리 알 수 있게 하는 매력이 왠지 마력처럼 느껴졌다. 도대체 내부는 어떻게 동작하는 걸까? 옆에서 같이 스크래퍼 툴의 코드를 고쳐 보기도 하고 이슈가 생기면 동료들과 같이 살펴보기도 했다. 그렇기 때문에 이 책을 번역하게 돼 매우 기뻤다.

우리가 자주 사용하는 SNS(카카오톡, 페이스북, 카카오스토리, 라인)를 살펴보자. 링크를 보낼 때 링크만 보내지 않는다. 적당한 정보와 사진이 대화창 또는 피드에 같이 노출된다. 스크래핑을 알면 쉽게 구현할 수 있다. 하지만 스크래핑 기술을 배우고 싶지만 서버 관리자가 스크래핑 기술을 쓰지 못하도록 제한을 거는 경우가 많다. 그래서 이 책은 정말 특별하다. 이 책의 저자가 운영 중인 에시 웹 사이트를 기반으로 웹 스크래핑 기술을 배울 수 있기 때문에 마음껏 예시를 테스트할 수 있다.

이 책은 크롤링과 스크래핑이 무엇인지 설명하고 법적 이슈를 다루며 시작한다. 웹 사이트에서 데이터를 스크래핑할 수 있는 최고의 가이드를 제공한다. 저자가 운영하는 예시 웹 사이트를 기반으로 스크래핑 테스트를 진행할 수 있다. 정적 웹 페이지에서 데이터를 추출하는 방법, 레디스와 파일을 캐싱으로 사용하는 방법, 동적 스크래핑 및 정교한 크롤러를 개발하는 방법을 다룬다. 그리고 PyQt와 Selenium을 사용하는 방법, 캡차CAPTCHA로 보호되는 복잡한 웹 사이트에 폼을 제출하는 방법, 병렬 라이브러리를 사용하는 방법, Scrapy 라이브러리로 클래스 기반 스크래퍼를 생성하는 방법을 다룬다.

이 책은 독자가 파이썬에 대한 기본 지식이 있다고 가정하기 때문에 파이썬 언어에 대한 설명은 없다. 하지만 Golang, 자바, 스칼라 등과 같은 언어에 대한 지식이 있다면 도전해 볼 수 있다.

그리고 원서는 파이썬 3.4 기준이었지만 번역서는 파이썬 3.7과 바뀐 예시 사이트 URL을 기반으로 예시 소스를 일부 변경했다.

이 책에서 스크래핑에 대한 지식을 많이 얻기를 바란다.

| 차례 |

9장　　모든 기술 활용하기　　　　　　　　　　　　　　　　247

인터넷에는 많은 유용한 데이터가 있다. 대부분의 데이터는 무료로 공개돼 접근할 수 있다. 그러나 어떤 데이터는 쉽게 재사용할 수 없다. 웹 사이트의 구조와 스타일에 내장돼 있기 때문이다. 따라서 유용한 방식으로 추출돼야 한다. 웹 페이지에서 데이터를 추출하는 방법은 웹 스크래핑^{Scraping}으로 알려져 있으며 더 많은 정보가 인터넷으로 제공됨에 따라 웹 스크래핑은 더욱 유용해지고 있다.

사용된 모든 코드는 Python 3.4+에서 테스트됐으며 https://github.com/kjam/wswp에서 다운로드할 수 있다. 역자는 저자의 저장소를 포크해서 파이썬 3.7과 현재 예시 사이트를 기반으로 코드를 일부 수정했다. 번역자가 테스트한 버전은 https://github.com/knight76/wswp에서 다운로드할 수 있다.

▌ 이 책에서 다루는 내용

1장, '웹 스크래핑 소개'에서는 웹 스크래핑이 무엇인지, 웹 사이트를 크롤링하는 방법을 소개한다.

2장, '데이터 스크래핑하기'에서는 여러 라이브러리를 사용해 웹 페이지에서 데이터를 추출하는 방법을 설명한다.

3장, '다운로드 캐싱'에서는 결과를 캐싱해 다시 다운로드하지 않는 방법을 설명한다.

4장, '병렬 다운로드'에서는 웹 사이트를 병렬로 다운로드해 데이터를 빠르게 스크래핑하는 방법을 설명한다.

5장, '동적 콘텐츠'에서는 여러 방법을 통해 동적 웹 사이트에서 데이터를 추출하는 방법을 설명한다.

6장, '폼에서 상호 작용하기'에서는 검색과 로그인할 때 입력과 탐색과 같은 폼에서 어떻게 상호 작용하는지 설명한다.

7장, '캡차 해결하기'에서 캡차 이미지로 보호된 데이터에 접근하는 방법을 설명한다.

8장, 'Scrapy'에서는 빠르게 병렬로 스크래핑할 수 있는 Scrapy 크롤링 스파이더를 사용하는 방법과 웹 스크래퍼를 개발하는 데 도움을 얻는 Portia 웹 인터페이스 사용 방법을 설명한다.

9장, '모든 기술 활용하기'에서는 이 책을 통해 알게 된 웹 스크래핑 기술을 활용한다.

▌ 준비 사항

크롤링 예시를 설명하기 위해 http://example.webscraping.com이라는 샘플 웹 사이트를 생성했다. 저자가 보안 때문인지 소스를 다 지워서 불만한 자료가 없다.

실제 웹 사이트를 스크래핑하기보다는 예시에 적합한 자체 웹 사이트를 구축해 환경을 완벽하게 제어하기로 결정했다. 실제 웹 사이트는 책보다 자주 업데이트되며 스크래핑 예시를 시도할 때 더 이상 작동하지 않을 수 있기에 자체 웹 사이트를 구축하는 것이 안정성이 높다. 또한 자체 웹 사이트를 통해 특정 기술을 설명하고 혼란을 피할 수 있는 예시를 생성할 수 있다. 마지막으로 실제 웹 사이트는 웹 스크래핑을 반가워하지 않을 뿐더러 스크래퍼를 차단할 수 있다. 따라서 자체 웹 사이트를 사용하면 이러한 위험을 피할 수 있다. 예시를 통해 배운 기술은 실제 웹 사이트에도 확실히 적용될 수 있다.

▌이 책의 대상 독자

이 책은 이전에 프로그래밍을 해봤다는 경험을 전제로 작성됐고 프로그래밍을 처음 접하는 초보자에게는 적합하지 않을 가능성이 높다. 웹 스크래핑 예시를 살펴보려면 파이썬에 능숙해야 하고 pip 커맨드를 실행해 모듈을 설치해야 한다.

그리고 웹 페이지가 어떻게 HTML로 작성되는지, 자바스크립트로 업데이트되는지에 대한 지식이 있다고 가정한다. HTTP, CSS, AJAX, WebKit, Redis에 대해서 알고 있다면 유용할 수 있지만 필수는 아니며 개별 기술이 필요할 때 소개할 것이다. 언급한 기술에 대한 자세한 내용은 https://developer.mozilla.org/에서 확인할 수 있다.

▌편집 규약

이 책에서는 서로 다른 종류의 정보를 구별하기 위한 몇 가지 텍스트 스타일을 볼 수 있다. 여기서 몇 가지 스타일과 사례와 그 스타일의 의미를 설명한다.

본문 중간의 코드는 다음과 같이 표시된다. "include 지시문을 사용해 다른 컨텍스트를 포함할 수 있다."

코드는 다음과 같이 표시한다.

```python
from urllib.request import urlopen
from urllib.error import URLError

url = 'http://example.webscraping.com'
try:
    html = urlopen(url).read()
except urllib2.URLError as e:
    html = None
```

커맨드라인 입력 또는 출력의 경우 다음과 같이 작성한다.

```
python script.py
```

보통 파이썬 인터프리터에서 사용되는 파이썬 인터프리터 프롬프트의 경우 다음과 같이 표시한다.

```
>>> import urllib
```

또는 다음과 같은 IPython 인터프리터의 경우 다음과 같이 표시한다.

```
In [1]: import urllib
```

새로운 용어와 **중요한 단어**는 메뉴나 대화창 박스처럼 화면에 표시되는 단어는 본문에 다음과 같이 표기한다. "Next 버튼을 클릭하면 다음 화면으로 이동한다."

 주의 사항이나 중요한 내용은 이와 같이 나타낸다.

 참고 사항 또는 요령은 이와 같이 나타낸다.

▎ 독자 의견

독자 의견은 언제나 환영한다. 좋은 점 또는 고쳐야 할 점에 대한 솔직한 의견을 말해주길 바란다. 독자 의견은 우리에게 매우 중요하다. 앞으로 더 좋은 책을 발행하는 데 큰 도움이 되기 때문이다.

일반적인 의견을 보내려면 전달하고자 하는 내용에 책 제목을 달아 feedback@packtpub.com으로 이메일을 보내면 된다.

여러분이 전문 지식을 가진 주제가 있고 책을 내거나 만드는 데 기여하고 싶다면 http://www.packtpub.com/authors에서 저자 가이드를 참조하길 바란다.

▎ 고객 지원

독자에게 최대의 혜택을 주기 위한 몇 가지 서비스를 제공받을 수 있다.

예시 코드 다운로드

파이썬 3.7로 수정한 번역서의 코드는 에이콘출판사의 도서정보 페이지 http://www.acornpub.co.kr/book/web-scraping-python-2e에서 다운로드할 수 있으며, 저자의 깃허브 프로젝트(https://github.com/kjam/wswp)나 역자가 Intellij에서 실행할 수 있도록 재구성한 깃허브(https://github.com/knight76/wswp)에서도 다운로드할 수 있다.

원서에서 사용된 예제 코드는 https://www.packtpub.com/books/content/support/29280에서 다운로드할 수 있다.

오탈자

오타 없이 정확하게 만들기 위한 모든 수단을 동원해서 책을 만들지만 실수가 있을 수 있다. 문장이나 코드에서 문제를 발견했다면 우리에게 알려주기 바란다. 다른 독자들의 혼란을 방지하고 차후 나올 개정판을 개선하는 데 도움이 되기 때문이다. 오류를 발견했다면 http://www.packtpub.com/submit-errata에서 책 제목을 선택하고 Errata Submission Form 링크를 클릭해 자세한 내용을 입력할 수 있다. 보내준 오류 내용이 확인되면 웹사이트에 그 내용이 올라가거나 해당 서적의 정오표 부분에 그 내용이 추가될 것이다.

기존 오류 수정 내용은 https://www.packtpub.com/books/content/support 검색창에 책 제목을 입력해보라. Errata 절 하단에 필요한 정보가 나타날 것이다.

한국어판 정오표는 에이콘출판사의 도서정보 페이지 http://www.acornpub. co.kr/book/web-scraping-python-2e에서 찾아볼 수 있다.

저작권 침해

인터넷에서의 저작권 침해는 모든 매체에서 벌어지고 있는 심각한 문제다. 팩트출판사에선 저작권과 라이선스 보호를 매우 심각하게 인식하고 있다. 어떤 형태로든 팩트출판사 서적의 불법 복제물을 인터넷에서 발견했다면 적절한 조치를 취할 수 있도록 해당 주소나 사이트명을 알려주길 바란다.

의심되는 불법 복제물 링크를 copyright@packtpub.com으로 보내주길 바란다.

저자를 보호하고 가치 있는 내용을 계속 만들 수 있도록 도와주는 독자 여러분의 마음에 깊은 감사의 뜻을 전한다.

질문

이 책과 관련해서 어떠한 종류의 질문이라도 있다면 questions@packtpub.com으로 문의하길 바란다. 최선을 다해 질문에 답하겠다. 한국어판에 관한 질문은 이 책의 옮긴이나 에이콘출판사 편집 팀(editor@acornpub.co.kr)으로 문의해주길 바란다.

01

웹 스크래핑 소개

웹 스크래핑^{Web Scraping}의 세계에 오신 것을 환영한다. 웹 스크래핑은 많은 분야에서 다양한 형태로 쉽게 사용할 수 없는 데이터를 수집하기 위해 사용된다. 여러분이 기자일 수도 있고, 새로운 이야기를 쓰고 있을 수 있고, 새로운 데이터를 추출하는 데이터 사이언티스트^{Scinetist}일 수도 있다. 웹 스크래핑은 초보 프로그래머에게도 유용한 툴이다. 대학교 웹 페이지에서 최근에 받은 숙제를 확인하고 이메일로 그 숙제를 보내야 할 때 웹 스크래핑을 활용할 수 있다. 여러분의 동기가 무엇이든 간에 배울 준비만 있으면 된다.

1장에서 알아볼 내용은 다음과 같다.

- 웹 스크래핑 분야를 소개하기
- 법적 문제를 설명하기

- 파이썬 3 설정을 설명하기
- 대상 웹 사이트에 대한 배경을 연구하기
- 자체 고급 웹 크롤러를 점진적으로 개발하기
- 비표준 라이브러리를 사용해 웹 스크래핑하기

웹 스크래핑이 유용한 시점은 언제일까?

본인이 신발 판매 매장을 소유하고 있고 경쟁 업체의 가격을 기록하고 싶다고 가정해 보자. 매일 경쟁 업체의 웹 사이트를 방문해 모든 신발 가격을 내 신발 가격과 비교할 수 있다. 그러나 매번 비교하는 시간은 많이 걸리며 수천 개의 신발을 판매하거나 가격 변동을 자주 확인해야 한다면 확장하기 어렵다. 또는 경쟁자의 신발 판매 매장에서 신발을 판매 중일 때 내가 신발을 사고 싶을 수도 있다. 다시 운이 좋을 때까지 경쟁자의 신발 매장 웹 사이트를 매일 확인할 수 있었다. 그러나 내가 원하는 신발은 판매용이 아닐 수 있다. 이 책에서 다루는 웹 스크래핑 기술을 사용해 이런 반복적인 수동 프로세스 대신 자동화된 솔루션으로 대체할 수 있다.

이상적인 세계에서 웹 스크래핑은 필요치 않으며 각 웹 사이트는 구조화된 포맷으로 데이터를 공유하는 API를 제공한다. 사실 일부 웹 사이트는 API를 제공하지만 일반적으로 사용 가능한 데이터와 접근 빈도를 제한한다. 또한 웹 사이트 개발자는 백엔드 API를 변경, 제거, 제한할 수 있다. 간단히 말해서 원하는 온라인 데이터에 접근하기 위해 API에만 의존할 수 없다. 따라서 웹 스크래핑 기술을 알 필요가 있다.

웹 스크래핑은 합법적인가?

지난 20년간 수많은 판결에도 불구하고 웹 스크래핑은 합법적으로 허용되고 있다.

스크래핑한 데이터를 개인적 및 사적인 용도로 사용하고 저작권법의 공정한 사용 범위 내에서 사용한다면 일반적으로 문제가 전혀 없다. 그러나 스크래핑한 데이터를 다시 게시하거나, 스크래핑이 웹 사이트를 다운시킬 정도로 공격적이거나, 콘텐츠가 저작권으로 보호되는 데 스크래핑이 서비스 약관을 위반하는 경우에 주의해야 할 일부 판례가 있다.

Feist Publications, Inc. v. Rural Telephone Service Co. 판결 사례에서 미국 대법원은 전화 번호부 등의 정보를 스크래핑하고 재게시한 경우를 허용하기로 결정했다. 호주의 Telstra Corporation Limited v. Phone Directories Company Pty Ltd 판결 사례에서 식별 가능한 저자의 데이터만 저작권으로 보호받을 수 있음을 결정했다. 미국의 또 다른 스크래핑 내용으로 AP^{Associated Press} 통신의 기사를 집계 뉴스 제품으로 재사용한 Associated Press v. Meltwater 판결 사례는 저작권 침해 판결을 받았다. 덴마크의 유럽 연합(EU) 사건인 ofir.dk vs home.dk 판결 사례에서는 정기적인 크롤링^{Crawling}과 딥 링킹^{Deep Linking}은 허용된다고 결론을 내렸다.

또한 기업들이 공격적으로 스크래핑한 피고인을 고발해 법적 명령으로 스크래핑을 중단시킨 판결 사례도 여럿 있었다. 가장 최근의 사례인 QVC v. Resultly에서는 스크래핑이 사유 재산에 대한 피해를 초래하지 않으면 웹 사이트의 안정성 이슈로 이어지는 크롤러 활동이지만 고의적인 피해로 간주될 수 없다고 판결했다.

이전 판결 사례를 통해 스크래핑한 데이터가 공개 자료(예, 사업장 위치와 전화 번호부 등)로 구성할 때 공정한 사용 규칙에 따라 재게시될 수 있음을 의미한다. 그러나 스크래핑 데이터가 독창적(예, 의견, 리뷰, 개인 사용자 데이터)이라면 저작권상의 이유로 재게시할 수 없다. 어떤 경우에도 웹 사이트에서 데이터를 스크래핑할 때는 자신이 손님이고 손님으로서 정중하게 행동해야 한다는 것을 기억해야 한다. 그렇지 않으면 귀하의 IP 주소가 금지되거나 법적 조치가 취해질 수 있다. 즉 합리적인 속도로 다운로드 요청을 하고 크롤러를 식별하기 위해 사용자 에이전트를 정의해야 한다. 또한 웹 사이트의 서비스 약관을 확인하고 스크래핑 데이터가 비공개 또는 저작권으로 보호되지 않았는지 확인해야 한다.

의문 사항이 있다면 거주 지역의 판례를 잘 아는 미디어 분야의 변호사와 상의하는 것이 좋다.

법적 소송에 대한 자세한 내용은 다음 사이트에서 확인할 수 있다.

- Feist Publications Inc. v. Rural Telephone Service Co. (http://caselaw.lp.findlaw.com/scripts/getcase.pl?court=US&vol=499&invol=340)
- Telstra Corporation Limited v. Phone Directories Company Pvt Ltd (http://www.austlii.edu.au/au/cases/cth/FCA/2010/44.html)
- Associated Press v.Meltwater (http://www.nysd.uscourts.gov/cases/show.php?db=special&id=279)
- ofir.dk vs home.dk (http://www.bvhd.dk/uploads/tx_mocarticles/S_-_og_Handelsrettens_afg_relse_i_Ofir-sagen.pdf)
- QVC v. Resultly (https://www.paed.uscourts.gov/documents/opinions/16D0129P.pdf)

▌ 파이썬 3

이 책에서는 파이썬 3을 사용할 것이다. 파이썬 소프트웨어 재단^{Python Software Foundation}은 2020년까지 파이썬 2를 단계적으로 개발 및 지원을 중단할 것이라고 발표했다. 이런 이유 때문에 많은 파이썬 개발자는 개발할 때 파이썬 3으로 옮기는 것을 목표로 하고 있다. 이 책의 모든 예시는 파이썬 3.4 이상이라면 동작한다.

파이썬 가상 환경^{Python Virtual Environments} 또는 아나콘다^{Anaconda} 사용에 익숙하다면 새로운 환경에서 파이썬 3을 설치하는 방법을 이미 알고 있을 것이다. 파이썬 3을 전역으로 설치하려면 운영체제별 문서를 검색하는 것이 좋다. 필자의 경우 단순히 **가상 환경 래퍼**(Virtual Environment Wrapper, https://virtualenvwrapper.readthedocs.io/en/latest/)를 사용해 다른 프로젝트와 파이썬 버전과 관련된 다양한 환경을 쉽게 유지 관리하고 있다. 콘다^{Conda} 환경 또는 가상 환경을 사용하는 것이 좋다. 가상 환경을 사용하면 수행 중인 다른 작업에 영향을 주지 않고 프로젝트 요구 사항에 따라 의존성을 쉽게 변경할 수 있다. 초보자라면 콘다를 사용하는 것이 좋다. **콘다 소개 문서** (https://conda.io/docs/intro.html)는 콘다를 처음 시작할 때 참고하면 좋은 문서이다.

 이 책의 모든 코드와 커맨드는 파이썬 3이 제대로 설치돼 있고 파이썬 3.4 이상 환경에서 작업하고 있다고 가정한다. 임포트(Import) 또는 문법 에러가 발생하면 독자는 적절한 환경인지 확인하고 파이썬의 Traceback에서 파이썬 2.7 파일 경로인지 확인하길 바란다

▌ 웹 사이트 조사

웹 사이트를 크롤링하기 전에 대상 웹 사이트의 규모와 구조에 대해 이해해야 한다. 웹 사이트 자체는 robots.txt와 **사이트맵**^{Sitemap} 파일을 통해 도움을 줄 수 있고 구글 검색 및 WHOIS와 같은 세부 정보를 제공하는 외부 툴도 있다.

robots.txt 확인하기

대부분의 웹 사이트에서는 robots.txt 파일을 정의해 크롤러가 웹 사이트를 크롤링할 때 제한하는 내용을 알린다. robots.txt 파일의 제한 내용은 단지 제안일 뿐이지만 좋은 웹 크롤러는 robotx.txt 파일의 제안 내용을 따른다. robots.txt 파일은 차단될 가능성을 최소화하고 웹 사이트 구조에 대한 단서를 발견하기 위해 크롤링 전에 확인해야 할 중요한 자원이다. robots.txt 프로토콜에 대한 자세한 내용은 http://www.robotstxt.org에서 볼 수 있다. 다음 코드는 http://example.

webscraping.com/robots.txt에서 제공되는 `robots.txt`의 예시 내용이다.

```
# 1번째 섹션
User-agent: BadCrawler
Disallow: /

# 2번째 섹션
User-agent: *
Crawl-delay: 5
Disallow: /trap

# 3번째 섹션
Sitemap: http://example.webscraping.com/sitemap.xml
```

1번째 섹션에서 `robots.txt` 파일은 `BadCrawler`라는 사용자 에이전트가 웹 사이트를 크롤링하지 않도록 요청한다. 그러나 어떤 악성 크롤러는 `robots.txt`를 존중하지 않기에 도움이 되지 않을 것이다. 1장의 예시 크롤러가 `robots.txt`를 자동으로 따르도록 하는 방법을 보여준다.

2번째 섹션에서는 모든 사용자 에이전트에 대한 다운로드 요청 사이의 크롤링 지연을 5초로 지정함으로써 서버에 과부하가 걸리지 않도록 한다. 또한 허용되지 않은 링크를 요청하는 악의적인 크롤러를 차단하기 위한 /trap 링크가 있다. /trap 링크를 방문하면 서버가 1분 동안 IP를 차단한다. 실제 웹 사이트는 요청 IP를 아주 오랫동안, 아마도 영구적으로 차단할 수 있지만 예시에서는 관련 예시를 제공하지 않는다.

3번째 섹션에서는 **사이트맵** 파일을 정의하며, 다음 섹션에서 살펴볼 것이다.

사이트맵 확인하기

사이트맵 파일은 웹 사이트에서 제공하며 크롤러가 모든 웹 페이지를 크롤링할 필요 없이 업데이트된 콘텐츠를 찾을 수 있게 한다. 자세한 내용을 확인하려면 사이트맵

표준을 정의한 http://www.sitemaps.org/protocol.html을 확인하길 바란다. 많은 웹 게시 플랫폼에서 자동으로 사이트맵을 생성할 수 있다. 다음은 robots.txt 파일에 게시된 사이트맵 파일의 내용이다.

```xml
<?xml version="1.0" encoding="UTF-8"?>
<urlset xmlns="http://www.sitemaps.org/schemas/sitemap/0.9">
    <url><loc>http://example.webscraping.com/places/default/view/Afghanistan-
        1</loc></url>
    <url><loc>http://example.webscraping.com/places/default/view/Aland-Islands-
        2</loc></url>
    <url><loc>http://example.webscraping.com/places/default/view/Albania- 3</
        loc></url>
 ...
</urlset>
```

해당 사이트맵은 다음 섹션에서 사용할 첫 번째 크롤러를 작성하는 데 사용될 모든 웹 페이지에 대한 링크를 제공한다. 사이트맵 파일은 웹 사이트를 효율적으로 크롤링할 수 있지만 누락되거나 오랫동안 운영하지 못했거나 불완전할 수 있으므로 신중하게 살펴봐야 한다.

웹 사이트 규모 추정하기

대상 웹 사이트의 규모는 크롤링 방법에 영향을 준다. 웹 사이트가 예시 웹 사이트와 같이 단지 수백 개의 URL인 경우 효율성은 중요치 않다. 그러나 웹 사이트에 백만 페이지가 넘는 웹 페이지가 있다면 순차적으로 다운로드하는 데 몇 달이 걸릴 것이다. 해당 이슈에 대해서는 추후 4장, '병렬 다운로드'에서 웹 페이지를 분산하는 다운로드를 살펴볼 것이다.

웹 사이트의 규모를 빠르게 예측하는 방법은 구글 크롤러의 결과를 확인하는 것이다. 구글 크롤러는 관심이 있는 웹 사이트를 이미 크롤링했을 가능성이 매우 높다. 해당 정보에 구글의 site 키워드 검색을 사용해 접근할 수 있다. http://www.google.com/advanced_search에서 해당 검색과 고급 검색 매개 변수에 대한 인터페이스를 제공한다.

다음은 구글 검색창에서 site:example.webscraping.com을 검색할 때 결과로 받는 예시 웹 사이트의 사이트 검색 결과다.

보다시피 구글은 현재 웹 사이트 규모를 중심으로 200개가 넘는 웹 페이지(이 결과는 다를 수 있음)가 있음을 예상한다. 더 큰 웹 사이트에 대한 구글의 예상은 정확하지 않을 수 있다.

도메인에 URL 경로를 추가함으로써 웹 사이트의 특정 부분에 대한 결과를 필터링할 수 있다. 예를 들어 site:example.webscraping.com/places/default/view에 대한 결과는 웹 사이트 검색을 지역 웹 페이지로 제한한다.

다시 말하지만 스크린 샷과 달리 결과 크기가 다를 수 있다. 그러나 모든 페이지보다는 유용한 데이터가 포함된 웹 사이트 부분을 크롤링하는 것이 가장 이상적이기 때문에 추가 필터를 사용하는 것은 유용하다.

웹 사이트에 사용하는 기술을 식별하기

웹 사이트를 구축할 때 사용된 기술에 따라 크롤링에 영향을 준다. 웹 사이트가 구축된 기술 종류를 확인하는 유용한 툴은 파이썬 3.5 이상과 도커를 필요로 하는 detectem이다. 도커를 아직 설치하지 않았다면 https://www.docker.com/products/overview에서 운영체제 설치 가이드를 따르길 바란다. 도커를 설치했다면 다음 커맨드를 실행할 수 있다.

```
docker pull scrapinghub/splash
pip install detectem
```

이전 커맨드는 ScrapingHub에서 최신 도커 이미지를 다운받고 pip를 통해 패키지를 설치한다. 파이썬 가상 환경(https://docs.python.org/3/library/venv.html) 또는 콘다 환경(https://conda.io/docs/using/envs.html)을 사용하는 것이 좋다. detectem 프로젝트의 ReadMe 페이지(https://github.com/spectresearch/detectem)에서 업데이트 사항을 확인한다.

 왜 파이썬 가상 환경을 사용해야 할까?

특정 파이썬 프로젝트가 detectem 라이브러리의 이전 버전으로 개발됐다고 가정하자. 사용하고 있는 버전의 detectem 이후 버전에선 하위 버전 호환성이 안되는 업데이트가 추가돼 프로젝트가 깨졌다. 그러나 현재 작업 중인 다른 프로젝트에서 최신 버전을 사용하고 싶다. 프로젝트에서 시스템에 설치된 detectem을 사용하는 상황에서 다른 프로젝트에서 사용하기 위해 detectem 라이브러리를 최신 버전으로 업데이트하면 프로젝트는 결국 이슈가 생긴다.

Ian Bicking의 virtualenv는 시스템의 파이썬 실행 파일과 의존 라이브러리를 로컬 디렉터리에 복사해 격리된 파이썬 환경을 생성함으로써 의존 라이브러리 이슈를 문제 없이 해결하고 있다. 이를 통해 프로젝트는 특정 버전의 파이썬 라이브러리를 로컬에 설치할 수 있고 더 넓은 시스템으로 독립성을 유지할 수 있다. 다양한 가상 환경에서 다른 버전의 파이썬을 활용할 수도 있다. 자세한 내용은 https://virtualenv.pypa.io 문서를 참조한다. 콘다 환경은 아나콘다 파이썬(Anaconda Python) 경로를 사용해 virtualenv와 비슷한 기능을 제공한다.

detectem 모듈은 일련의 확장 모듈을 기반으로 웹 사이트에서 사용되는 기술을 감지하기 위해 일련의 요청과 응답을 사용한다. ScrapingHub(https://scrapinghub. com/)에서 개발한 스크립트를 사용할 수 있는 브라우저인 Splash(https:// github.com/scrapinghub/splash)를 사용한다. detectem 모듈을 실행하려면 간단히 **det** 커맨드를 사용한다.

```
$ det http://example.webscraping.com
[{'name': 'jquery', 'version': '1.11.0'},
 {'name': 'modernizr', 'version': '2.7.1'},
 {'name': 'nginx'}]
```

예시 웹 사이트에서 일반적인 자바스크립트 라이브러리를 사용하고 있음을 알 수 있다. 따라서 콘텐츠가 HTML에 포함될 가능성이 높아서 비교적 쉽게 스크래핑할 수 있다.

detectem은 최근에 생성된 오픈 소스 프로젝트이며 많은 다른 백엔드뿐만 아니라 광고 네트워크, 자바스크립트 라이브러리, 서버 설정 등을 파싱^{Parsing}하는 것을 지원하는 Node.js 기반 프로젝트인 Wappalyzer(https://github.com/AliasIO/ Wappalyzer) 파이썬 모듈과 동등한 프로젝트다. 도커를 통해 Wappalyzer를 실행할 수도 있다. 먼저 도커 이미지를 다운로드하려면 다음을 실행한다.

```
$ docker pull wappalyzer/cli
```

그 다음 도커 인스턴스에서 스크립트를 실행한다.

```
$ docker run wappalyzer/cli http://example.webscraping.com
```

결과를 읽는 것이 약간 어렵지만 JSON linter(https://jsonlint.com/)에 복사해 붙여 넣으면 여러 가지 다양한 라이브러리와 기술을 확인할 수 있다.

```
{
        "urls": ["http://example.webscraping.com/"],
        "applications": [{
                "name": "Modernizr",
                "confidence": "100",
                "version": "2.7.1",
                "icon": "Modernizr.svg",
                "website": "https://modernizr.com",
                "categories": [{
                        "12": "JavaScript Frameworks"
                }]
        }, {
                "name": "Nginx",
                "confidence": "100",
                "version": "",
                "icon": "Nginx.svg",
                "website": "http://nginx.org/en",
                "categories": [{
                        "22": "Web Servers"
                }]
        }, {
                "name": "Bootstrap",
                "confidence": "100",
                "version": "",
                "icon": "Bootstrap.svg",
                "website": "https://getbootstrap.com",
                "categories": [{
                        "18": "Web Frameworks"
                }]
        }, {
                "name": "Web2py",
                "confidence": "100",
                "version": "",
                "icon": "Web2py.png",
                "website": "http://web2py.com",
                "categories": [{
```

```
                    "18": "Web Frameworks"
            }]
    }, {
            "name": "jQuery",
            "confidence": "100",
            "version": "1.11.0",
            "icon": "jQuery.svg",
            "website": "https://jquery.com",
            "categories": [{
                    "12": "JavaScript Frameworks"
            }]
    }, {
            "name": "Python",
            "confidence": "0",
            "version": "",
            "icon": "Python.png",
            "website": "http://python.org",
            "categories": [{
                    "27": "Programming Languages"
            }]
    }],
    "meta": {
            "language": "en-us"
    }
}
```

이전 JSON linter 결과를 살펴보면 파이썬과 web2py 프레임워크가 매우 높은 신뢰도를 가지고 있는지 확인할 수 있다. 프론트엔드 CSS 프레임워크인 Twitter Bootstrap도 사용됐다. Wappalyzer는 Modernizer.js와 Nginx를 백엔드 서버로 사용했다. 예시 사이트에서는 jQuery와 Modernizer만 사용하기 때문에 자바스크립트는 전체 페이지를 로드하지 않는다. 웹 사이트가 AngularJS 또는 React로 개발됐다면 해당 콘텐츠는 동적으로 로드된다. 또는 앱 사이드에서 ASP.NET을 사용하는 경우 세션과 폼From 제출을 사용해 웹 페이지를 크롤링해야 한다. 스크래핑이 어려운 사례에 대한 작업은 5장, '동적 콘텐츠', 6장, '폼에서 상호 작용하기'에서 다룰 것이다.

웹 사이트의 소유자 찾기

웹 사이트의 소유자가 누구인지 중요할 수 있다. 예를 들어 소유자가 웹 크롤러를 차단했다면 다운로드 속도는 보수적으로 접근하는 것이 좋다. 웹 사이트를 소유한 사람을 찾으려면 WHOIS 프로토콜을 사용해 누가 도메인 이름의 등록 소유자인지 확인한다. 프로토콜에 대한 파이썬 래퍼(https://pypi.python.org/pypi/python-whois)는 pip를 통해 설치할 수 있다.

```
pip install python-whois
```

python-whois 모듈을 사용해 appspot.com 도메인을 쿼리할 때 WHOIS 응답에서 다음을 리턴한다.

```
>>> import whois
>>> print(whois.whois('appspot.com'))
 {
    ...
   "name_servers": [
       "NS1.GOOGLE.COM",
       "NS2.GOOGLE.COM",
       "NS3.GOOGLE.COM",
       "NS4.GOOGLE.COM",
       "ns1.google.com",
       "ns2.google.com",
       "ns4.google.com",
       "ns3.google.com"
],
   "org": "Google LLC",
   "emails": [
```

```
    "abusecomplaints@markmonitor.com",
    "whoisrelay@markmonitor.com"
  ]
}
```

appspot.com 도메인은 구글이 소유하고 있음을 알 수 있다. appspot.com 도메인은 구글 앱 엔진^{Google App Engine} 서비스용이다. 구글은 근본적으로 웹 크롤링 사업임에도 불구하고 웹 크롤러를 차단한다. 구글은 종종 서비스를 빨리 스크래핑하는 IP를 차단하기 때문에 appspot.com 도메인을 크롤링할 때 주의해야 한다. 여러분 또는 여러분과 함께 거주하거나 일하는 사람이 구글 서비스를 사용할 때도 조심해야 할 수도 있다. 구글 도메인에 간단한 검색 크롤러만 실행한 후에 짧은 시간 동안 구글 서비스를 사용하기 위해 캡차^{Captcha1}를 입력하라는 요청을 받을 수 있다.

▌ 첫 번째 웹 사이트 크롤링하기

웹 사이트를 스크래핑할 때, 우선 **크롤링**^{Crawling}이라는 프로세스가 관심있는 데이터가 포함된 웹 페이지를 다운로드해야 한다. 웹 사이트를 크롤링할 때 사용할 수 있는 방법은 여러 개가 있으며 적절한 선택은 대상 웹 사이트의 구조에 따라 다르다. 1장에서는 웹 페이지를 안전하게 다운로드하고 웹 사이트를 크롤링하기 위한 다음 세 가지 일반적인 방법을 소개한다.

- 사이트맵 크롤링하기
- 데이터베이스 ID를 사용해 각 페이지를 반복하기
- 웹 페이지 링크를 따라가기

---

1 사용자가 사람인지 프로그램인지 구별하기 위해 사용되는 방법이다. 사람은 구별할 수 있지만 프로그램은 구별하기 힘들게 의도적으로 비틀거나 덧칠한 그림을 보여주고 그림에 쓰여 있는 내용을 물어보는 방법 또는 어떤 사물이 그림에 어느 부분에 있는지 물어보는 방법이 자주 사용된다.

지금까지 스크래핑 Scraping과 크롤링 Crawling이라는 용어를 서로 바꿔 사용할 수 있었지만 두 접근 방법의 유사점과 차이점을 알아보자.

스크래핑과 크롤링

원하는 정보와 웹 사이트 콘텐츠 및 구조를 기반으로 웹 스크래퍼 또는 웹 사이트 크롤러를 개발할 것이다. 이 둘의 차이점은 무엇일까?

웹 스크래퍼는 일반적으로 특정 웹 사이트를 대상으로 하고 해당 웹 사이트의 특정 정보를 수집하기 위해 개발된다. 웹 스크래퍼는 특정 페이지에 접근하도록 제작되며 웹 사이트가 변경되거나 웹 사이트의 정보 위치가 변경된다면 웹 스크래퍼를 수정해야 한다. 예를 들어 좋아하는 동네 레스토랑의 일일 스페셜 음식을 확인하고 정기적으로 해당 정보를 업데이트하는 웹 사이트의 일부분을 스크래핑하는 웹 스크래퍼를 개발할 수 있다.

한편 웹 크롤러는 일반적인 방법으로 개발된다. 즉 일련의 최상위 도메인 또는 전체 웹 사이트 중 하나를 목표로 잡는다. **크롤러**는 더 구체적인 정보를 수집하도록 개발될 수 있지만 일반적으로 웹을 탐색하고 여러 웹 사이트 또는 페이지에서 작고 일반적인 정보를 얻은 후 다른 페이지에 대한 링크를 따라 이동하는 데 사용된다.

크롤러와 스크래퍼 외에도 8장, 'Scrapy'에서 웹 스파이더를 다룰 예정이다. 스파이더는 특정 웹 사이트 집합을 탐색하거나 여러 웹 사이트 또는 인터넷에서 더 광범위한 크롤링을 수행하는 데 사용할 수 있다.

이 책에서 사용 사례를 반영하기 위해 특정 용어를 사용할 것이다. 웹 스크래핑을 개발할 때 사용하고 싶은 기술, 라이브러리, 패키지의 차이를 확인할 수 있다. 용어의 차이를 아는 지식은 사용된 용어(예, 스크래핑 전용인가? 스파이더에도 사용할 수 있는가?)를 기반으로 적절한 패키지 또는 기술을 선택하는 데 도움이 될 것이다.

웹 페이지 다운로드하기

웹 페이지를 스크래핑하려면 먼저 관련 라이브러리를 다운로드해야 한다. 다음은 파이썬의 urllib 모듈을 사용해 URL을 다운로드하는 간단한 파이썬 스크립트다.

```python
import urllib.request
def download(url):
    return urllib.request.urlopen(url).read()
```

download 함수에 URL을 전달하면 urlopen 함수는 웹 페이지를 다운로드하고 HTML을 리턴한다. 이 코드의 문제점은 웹 페이지를 다운로드할 때 제어할 수 없는 에러가 발생할 수 있다는 것이다. 예를 들어 요청한 페이지가 더 이상 존재하지 않을 수 있다. 이 경우 urllib는 예외를 발생시키고 스크립트를 종료한다. 안전하게 코드를 개발하려면 다음처럼 예외를 처리하는 코드를 추가한다.

```python
import urllib.request
from urllib.error import URLError, HTTPError, ContentTooShortError

def download(url):
    print('Downloading:', url)
    try:
        html = urllib.request.urlopen(url).read()
    except (URLError, HTTPError, ContentTooShortError) as e:
        print('Download error:', e.reason)
        html = None
    return html
```

이제 다운로드 또는 URL 에러가 발생하면 예외가 처리되고 함수는 None을 리턴한다.

다운로드 재처리하기

종종 다운로드할 때 발생하는 에러는 일시적이다. 예를 들어 웹 서버가 부하가 많아 503 Service Unavailable 에러를 리턴할 수 있다. 503 에러의 경우 서버 문제가 해결될 수 있으므로 잠시 후에 다시 다운로드를 시도할 수 있다. 그러나 모든 에러에 대해 다시 다운로드를 시도하고 싶지는 않을 것이다. 서버가 404 Not Found를 리턴하면 웹 페이지는 현재 존재하지 않으며 또 다시 요청을 보낸다 해도 다른 결과를 생성하지 않을 것이다.

가능한 HTTP 에러의 전체 목록은 Internet Engineering Task Force에 정의돼 있으며 https://tools.ietf.org/html/rfc7231#section-6에서 확인할 수 있다. 문서에 따르면 요청에 문제가 있을 때 4xx 에러가 발생하고 서버에 문제가 있을 때 5xx 에러가 발생함을 알 수 있다. 따라서 download 함수는 5xx 에러에 대해서만 재시도를 수행한다. 다음은 5xx 에러만 재시도하는 업데이트된 버전이다.

```python
def download(url, num_retries=2):
    print('Downloading:', url)
    try:
        html = urllib.request.urlopen(url).read()
    except (URLError, HTTPError, ContentTooShortError) as e:
        print('Download error:', e.reason)
        html = None
        if num_retries > 0:
            if hasattr(e, 'code') and 500 <= e.code < 600:
```

```
        # HTTP 5xx 에러가 발생하면 재귀적으로 재시도한다
        return download(url, num_retries - 1)
    return html
```

이제 다운로드를 시도할 때 5xx 에러가 발생하면 재귀적으로 download 함수를 호출
해 다운로드를 다시 시도한다. download 함수는 이제 다운로드를 다시 시도할 수
있는 횟수를 추가 매개 변수로 받는다. 해당 매개 변수는 기본적으로 2로 설정된다.
서버가 복구되지 않을 수 있기 때문에 웹 페이지 다운로드 횟수를 제한한다. 재시도
를 테스트하기 위해 http://httpstat.us/500을 다운로드하면 500 에러 코드가 리턴
된다.

```
>>> download('http://httpstat.us/500')
Downloading: http://httpstat.us/500
Download error: Internal Server Error
Downloading: http://httpstat.us/500
Download error: Internal Server Error
Downloading: http://httpstat.us/500
Download error: Internal Server Error
```

예상대로 download 함수는 웹 페이지 다운로드를 시도한 gn 500 에러가 발생하면
다운로드를 두 번 재시도하지만 계속 에러가 발생하면 더 이상 진행하지 않는다.

사용자 에이전트 설정하기

기본적으로 urllib는 Python-urllib/3.x 사용자 에이전트^{User Agent}로 콘텐츠를 다운
로드한다. 여기서 3.x는 환경이 현재 파이썬 버전이다. 웹 크롤러에 문제가 발생하
면 식별 가능한 사용자 에이전트를 사용하는 것이 좋다. 또한 일부 웹 사이트에서는
기본 사용자 에이전트를 차단한다. 아마도 파이썬 웹 크롤러가 잘못 만들어져 서버
에 과부하를 일으킨 적이 있었을 것이다. 예를 들어 http://www.meetup.com/은
urllib의 기본 사용자 에이전트로 페이지를 요청할 때 현재 403 Forbidden을 리턴

한다.

웹 사이트를 안정적으로 다운로드하려면 사용자 에이전트 설정을 제어해야 한다. 다음은 기본 사용자 에이전트가 'wswp'(Web Scraping with Python을 의미)로 설정된 download 함수의 업데이트 버전이다.

```python
def download(url, user_agent='wswp', num_retries=2):
    print('Downloading:', url)
    request = urllib.request.Request(url)
    request.add_header('User-agent', user_agent)
    try:
        html = urllib.request.urlopen(request).read()
    except (URLError, HTTPError, ContentTooShortError) as e:
        print('Download error:', e.reason)
        html = None
        if num_retries > 0:
            if hasattr(e, 'code') and 500 <= e.code < 600:
                # HTTP 5xx 에러가 발생하면 재귀적으로 재시도한다.
                return download(url, num_retries - 1)
    return html
```

meetup.com을 요청하면 유효한 HTML이 표시된다. 이제 download 함수는 에러를 잡아 내고 웹 사이트를 다시 시도하며 사용자 에이전트를 설정하기 위해 이후 코드에서 재사용될 수 있다.

사이트맵 크롤러

첫 번째로 소개한 간단한 크롤러의 경우 예시 웹 사이트의 robots.txt에서 발견된 사이트맵을 사용해 모든 웹 페이지를 다운로드한다. 사이트맵을 파싱하기 위해 간단한 정규식을 사용해 <loc> 태그의 URL을 추출한다.

현재 download 함수는 단순히 바이트를 리턴하므로 인코딩 변환을 처리하기 위해 코드를 업데이트해야 한다. 2장에서는 **CSS 선택자**CSS Selector라는 더욱 강력한 파싱 방법을 소개한다. 첫 번째로 생성한 예시 크롤러는 다음과 같다.

```python
import re

def download(url, num_retries=2, user_agent='wswp', charset='utf-8'):
    print('Downloading:', url)
    request = urllib.request.Request(url)
    request.add_header('User-agent', user_agent)
    try:
        resp = urllib.request.urlopen(request)
        cs = resp.headers.get_content_charset()
        if not cs:
            cs = charset
        html = resp.read().decode(cs)
    except (URLError, HTTPError, ContentTooShortError) as e:
        print('Download error:', e.reason)
        html = None
        if num_retries > 0:
            if hasattr(e, 'code') and 500 <= e.code < 600:
                # HTTP 5xx 에러가 발생하면 재귀적으로 재시도한다.
                return download(url, num_retries - 1)
    return html

def crawl_sitemap(url):
    # 사이트맵 파일을 다운로드한다.
    sitemap = download(url)
    # 사이트맵 링크를 추출한다.
    links = re.findall('<loc>(.*?)</loc>', sitemap)
    # 각 링크를 다운로드한다.
    for link in links:
        html = download(link)
        # html 파일을 스크래핑한다.
        # ...
```

이제 사이트맵 크롤러를 실행해 예시 웹 사이트에서 모든 국가 정보를 다운로드할 수 있다.

```
>>> crawl_sitemap('http://example.webscraping.com/sitemap.xml')
Downloading: http://example.webscraping.com/sitemap.xml
Downloading: http://example.webscraping.com/view/Afghanistan-1
Downloading: http://example.webscraping.com/view/Aland-Islands-2
Downloading: http://example.webscraping.com/view/Albania-3
...
```

이전 download 함수를 살펴본 것처럼 웹 사이트 응답에 정규식을 사용하기 위해 문자 인코딩을 업데이트해야 했다. 파이썬 read 메소드는 응답을 받아 바이트를 리턴하고 re 모듈은 문자열을 리턴한다. 웹 사이트 관리자가 응답 헤더에 적절한 문자 인코딩을 포함시킨다면 응답을 제대로 받을 것이다. 문자 인코딩 헤더가 리턴되지 않으면 기본적으로 UTF-8 인코딩이 기본값으로 사용된다. 물론 리턴된 헤더 인코딩이 잘못됐거나 인코딩이 설정되지 않았거나 UTF-8이 아닌 경우 디코딩은 에러를 발생시킨다. 인코딩을 추측하는 좀 더 복잡한 방법(https://pypi.python.org/pypi/chardet 참조)이 있으며, 구현하기가 쉽다.

현재로서는 사이트맵 크롤러가 예상대로 작동한다. 그러나 이전에 설명한 것처럼 모든 웹 페이지에 대한 링크를 얻기 위해 **사이트맵** 파일만 의존할 수 없다. 다음 섹션에서는 사이트맵 파일에 의존하지 않는 다른 간단한 크롤러를 소개할 것이다.

 언제든지 크롤링을 계속하고 싶지 않으면 **Ctrl+C** 또는 **cmd+C**를 눌러 파이썬 인터프리터 또는 프로그램 실행을 종료할 수 있다.

ID 반복 크롤러

이 섹션에서는 웹 사이트 구조의 약점을 이용해 모든 콘텐츠에 쉽게 접근하는 방법을 소개한다. 다음은 예시 웹 사이트의 일부 국가 URL이다.

- `http://example.webscraping.com/places/default/view/Afghanistan-1`
- `http://example.webscraping.com/places/default/view/Australia-2`
- `http://example.webscraping.com/places/default/view/Brazil-3`

URL을 살펴보면 URL 경로의 마지막 부분에서 국가 이름(슬러그[Slug])과 ID만 다를 뿐이다. 검색엔진을 최적화하기 위해 URL에 슬러그[2]를 포함시키는 것이 일반적이다. 종종 웹 서버는 슬러그를 무시하고 ID만 사용해 데이터베이스의 관련 레코드를 일치시킨다. 슬러그를 제거하고 http://example.webscraping.com/places/default/view/1 페이지를 확인해 예시 웹 사이트에서 작동하는지 확인해 보자.

Example web scraping website

National Flag:	
Area:	647,500 square kilometres
Population:	29,121,286
Iso:	AF
Country:	Afghanistan
Capital:	Kabul
Continent:	AS
Tld:	.af
Currency Code:	AFN
Currency Name:	Afghani
Phone:	93
Postal Code Format:	
Postal Code Regex:	
Languages:	fa-AF,ps,uz-AF,tk
Neighbours:	TM CN IR TJ PK UZ

Edit

---

2 핵심 키워드를 조합해 긴 제목을 간단하게 생성하는 것을 말하며 검색에 용이한 URL을 생성할 수 있다. 검색엔진 최적화(SEO)
   에 많이 사용되는 방식이다.

웹 페이지를 여전히 로드했다. 해당 URL은 슬러그를 무시하고 데이터베이스 ID를 활용해 모든 국가를 다운로드할 수 있기 때문에 유용하다. 다음은 이전 방법을 활용한 코드다.

```python
import itertools

def crawl_site(url):
    for page in itertools.count(1):
        pg_url = '{}{}'.format(url, page)
        html = download(pg_url)
        if html is None:
            break
        # 성공 - 결과를 스크래핑할 수 있다.
```

이제 기본 URL을 전달해 crawl_site 함수를 사용할 수 있다.

```
>>> crawl_site('http://example.webscraping.com/places/default/view/-')
Downloading: http://example.webscraping.com/places/default/view/1
Downloading: http://example.webscraping.com/places/default/view/2
Downloading: http://example.webscraping.com/places/default/view/3
Downloading: http://example.webscraping.com/places/default/view/4
[...]
```

여기에서 다운로드 에러가 발생할 때까지 ID를 반복한다. 반복이 완료되면 스크래퍼가 마지막 국가에 도달했음을 의미한다. 이 구현의 약점은 일부 레코드가 삭제돼 데이터베이스 ID에 공백이 있을 수 있다는 점이다. 그리고 간격 중 하나에 도달하면 크롤러가 즉시 종료된다. 다음은 종료하기 전에 일련의 연속 다운로드 에러를 허용하는 향상된 코드 버전이다.

```python
def crawl_site(url, max_errors=5):
```

```
for page in itertools.count(1):
    pg_url = '{}{}'.format(url, page)
    html = download(pg_url)
    if html is None:
        num_errors += 1
        if num_errors == max_errors:
            # 최대 에러 값에 도달하면 루프 밖으로 나간다.
            break
    else:
        num_errors = 0
        # 성공 - 결과를 스크래핑할 수 있다.
```

이제 이전 코드의 크롤러는 반복을 중지하려면 다섯 번의 연속 다운로드 에러가 발생한다. 따라서 일부 레코드가 삭제되거나 숨겨져 있을 때 일찍 반복을 중지할 위험이 줄어든다.

ID 반복은 웹 사이트를 크롤링할 때 편리한 방법이다. ID 반복 방법은 사이트맵 방법과 비슷하지만 항상 사용할 수 있는 것은 아니다. 예를 들어 일부 웹 사이트는 URL에 슬러그가 있는지 확인하고 슬러그가 없다면 404 Not Found 에러를 리턴한다. 또한 다른 웹 사이트에서는 순차적이지 않은 큰 ID 또는 숫자가 아닌 큰 ID를 사용하기 때문에 반복은 실용적이지 않다. 예를 들어 아마존은 전시한 책의 ID를 10자리 이상의 ISBN으로 사용한다. ISBN에 ID를 반복하면서 수십억 개의 가능한 조합을 테스트하는 것은 웹 사이트 콘텐츠를 스크래핑 관점에서 볼 때 효율적이지 않다.

계속 따라 진행하다 보면 TOO MANY REQUESTS 메시지를 포함하는 다운로드 에러를 만날 수 있다. 지금은 걱정하지 않아도 된다. 1장의 고급 기능 섹션에서 이런 종류의 에러를 처리하는 방법에 대해 자세히 설명한다.

링크 크롤러

지금까지 샘플 웹 사이트의 구조를 이용해 게시된 모든 국가를 다운로드하는 두 개의 간단한 크롤러를 구현했다. 다운로드할 웹 페이지 수를 최소화하기 때문에 해당 크롤러 기술을 사용해야 한다. 그러나 다른 웹 사이트에서 크롤러 기술을 사용하려면 일반 사용자가 사용하는 것처럼 수행해야 하고 링크를 따라가다 보면 흥미로운 콘텐츠에 접근할 수 있을 것이다.

간단히 모든 링크를 따라 전체 웹 사이트를 다운로드할 수 있다. 그러나 해당 다운로드는 필요치 않은 많은 웹 페이지를 다운로드할 가능성이 있다. 예를 들어 온라인 포럼에서 사용자 계정 세부 정보를 스크래핑하려면 토론 스레드는 제외하고 계정 페이지만 다운로드해야 한다. 1장에서 사용하는 링크 크롤러는 정규 표현식을 사용해 다운로드해야 하는 웹 페이지를 결정한다. 다음은 코드의 초기 버전이다.

```
import re

def link_crawler(start_url, link_regex):
    """ 지정된 시작 URL에서 link_regex와 일치하는 링크를 크롤링한다.
    """
    crawl_queue = [start_url]
    while crawl_queue:
        url = crawl_queue.pop()
        html = download(url)
        if html is not None:
            continue
        # 정규식과 일치하는 링크만 필터링한다.
        for link in get_links(html):
            if re.match(link_regex, link):
                crawl_queue.append(link)

def get_links(html):
    """ html에서 링크 목록을 리턴한다"""
    # 웹 페이지의 모든 링크를 추출하는 정규식이다.
```

```
webpage_regex = re.compile("""<a[^>]+href=["'](.*?)["']""", re.IGNORECASE)
# 웹 페이지의 모든 링크를 리턴한다.
return webpage_regex.findall(html)
```

이 코드를 실행하려면 크롤링할 사이트의 URL과 따라갈 링크와 일치하는 정규식이 포함된 link_crawler 함수를 호출해야 한다. 예시 웹 사이트에서는 국가 목록과 국가 정보가 포함된 index 페이지를 크롤링하려 한다.

index 링크가 다음 형식을 따르고 있는지는 웹 사이트를 살펴보면 알 수 있다.

- http://example.webscraping.com/places/default/index/1
- http://example.webscraping.com/places/default/index/2

국가 이름 웹 페이지는 다음과 같이 분류된다.

- http://example.webscraping.com/places/default/view/Afghanistan-1
- http://example.webscraping.com/places/default/view/Aland-Islands-2

따라서 두 형식의 웹 페이지를 모두 일치시키는 간단한 정규식은 /(index|view)/이다. 크롤러가 해당 정규식을 입력으로 받는다면 어떻게 될까? 다음과 같이 다운로드 에러가 발생한다.

```
>>> link_crawler('http://example.webscraping.com', '.*/(index|view)/.*')
Downloading: http://example.webscraping.com
Downloading: /index/1

Traceback (most recent call last):
    ...
  ValueError: unknown url type: /index/1
```

정규식은 문자열에서 정보를 추출하는 훌륭한 툴이며 모든 프로그래머가 정규식을 많이 읽고 쓰는 방법을 배우길 바란다. 즉 정규식은 매우 부서지기 쉬우며 쉽게 깨진다. 이 책에서 링크를 추출하고 페이지를 식별하는 고급 방법을 다룰 것이다.

/index/1을 다운로드할 때의 이슈는 웹 페이지의 경로만 포함하고 프로토콜과 서버는 제외한다는 점이다. 이런 링크를 **상대 링크**^{Relative Link}라 한다. 웹 브라우저로 볼 때 웹 브라우저가 현재 사용자가 보고 있는 웹 페이지를 알고 있기 때문에 상대 링크를 해석하는 데 필요한 단계를 수행하므로 상대 링크가 동작한다. 그러나 urllib에 해당 문맥이 없다. 따라서 urllib가 웹 페이지를 찾을 수 있도록 하려면 웹 페이지를 찾을 수 있도록 상대 링크를 모든 세부 정보가 포함된 절대 링크로 변환해야 한다. 예측한 대로 파이썬에는 parse라는 urllib의 모듈을 포함하고 있다. urljoin 메소드를 사용해 절대 링크를 만드는 link_crawler의 향상된 버전은 다음과 같다.

```python
from urllib.parse import urljoin

def link_crawler(start_url, link_regex):
    """ 지정된 시작 URL에서 link_regex와 일치하는 링크를 크롤링한다.
    """
    crawl_queue = [start_url]
    while crawl_queue:
        url = crawl_queue.pop()
        html = download(url)
        if not html:
            continue
        for link in get_links(html):
            if re.match(link_regex, link):
                abs_link = urljoin(start_url, link)
                crawl_queue.append(abs_link)
```

이 예시를 실행하면 일치하는 웹 페이지를 다운로드하는 것을 볼 수 있다. 그러나 동일한 URL을 계속해서 다운로드한다. 그 이유는 웹 페이지에 동일한 URL이 서로 연결돼 있기 때문이다. 예를 들어 호주^{Australia}는 남극 대륙^{Antarctica}에 링크를 걸고 남극 대륙은 호주로 다시 링크를 걸었기에 크롤러는 계속 URL을 큐^{Queue}에 넣는 반복적인 작업을 하며 큐의 끝까지 도달하지 못한다. 동일한 링크를 다시 크롤링하지 못하게 하려면 이미 크롤링된 링크를 추적해야 한다. link_crawler의 다음 버전에서는 이전에 본 URL을 저장함으로써 중복 URL을 다운로드하지 않도록 한다.

```python
def link_crawler(start_url, link_regex):
    crawl_queue = [start_url]
    # 이전에 본 URL을 추적한다.
    seen = set(crawl_queue)
    while crawl_queue:
        url = crawl_queue.pop()
        html = download(url)
        if not html:
            continue
        for link in get_links(html):
            # 링크가 예상하는 정규식과 일치하는지 확인한다.
            if re.match(link_regex, link):
                abs_link = urljoin(start_url, link)
                # 링크가 이미 본 것인지 확인한다.
                if abs_link not in seen:
                    seen.add(abs_link)
                    crawl_queue.append(abs_link)
```

이 스크립트를 실행하면 예상대로 URL을 크롤링한 후 중지한다. 마침내 동작하는 링크 크롤러를 갖게 됐다.

고급 기능

이제 링크 크롤러가 다른 웹 사이트를 크롤링할 때 유용한 몇 가지 기능을 추가하자.

robots.txt 파싱

먼저 차단된 URL을 다운로드하지 못하도록 robots.txt를 해석해야 한다. 파이썬 urllib에는 다음과 같이 직관적으로 작성할 수 있는 robotparser 모듈이 포함돼 있다.

```
>>> from urllib import robotparser
>>> rp = robotparser.RobotFileParser()
>>> rp.set_url('http://example.webscraping.com/robots.txt')
>>> rp.read()
>>> url = 'http://example.webscraping.com'
>>> user_agent = 'BadCrawler'
>>> rp.can_fetch(user_agent, url)
False
>>> user_agent = 'GoodCrawler'
>>>
True
```

robotparser 모듈은 robots.txt 파일을 읽은 후 주어진 사용자 에이전트로 웹 페이지에 접근할 수 있는지 여부를 알려주는 can_fetch() 함수를 제공한다. 사용자 에이전트를 'BadCrawler'로 지정하면 robotparser 모듈은 예시 사이트의 robots.txt에 정의된 대로 웹 페이지를 가져올 수 없다고 알린다.

robotparser를 링크 크롤러에 통합하려면 먼저 robotparser 객체를 리턴하는 새로운 함수를 생성한다.

```
def get_robots_parser(robots_url):
    "robots_url을 사용해 robotparser를 리턴한다."
    rp = robotparser.RobotFileParser()
    rp.set_url(robots_url)
    rp.read()
    return rp
```

신뢰할 수 있는 robots_url을 지정해야 한다. get_robots_parser 함수에 추가 키워드 매개 변수를 robots_url로 전달할 수 있다. 사용자가 변수를 전달하지 않을 경우를 대비해 기본값을 설정할 수 있다. 크롤링이 해당 사이트의 루트에서 시작된다고 가정하면 robots.txt를 URL 끝에 간단히 추가할 수 있다. 또한 user_agent를 정의해야 한다.

```
def link_crawler(start_url, link_regex, robots_url=None, user_agent='wswp'):
    ...
    if not robots_url:
        robots_url = '{}/robots.txt'.format(start_url)
    rp = get_robots_parser(robots_url)
```

마지막으로 링크 크롤러의 루프에 파서 검사를 추가한다.

```
...
while crawl_queue:
    url = crawl_queue.pop()
    # 확인할 url로 robots.txt 제약 사항을 전달한다.
    if rp.can_fetch(user_agent, url):
        html = download(url, user_agent=user_agent)
        ...
    else:
        print('Blocked by robots.txt:', url)
```

허용되지 않는 사용자 에이전트 문자열을 사용해 고급 링크 크롤러와 robotparser 사용을 테스트할 수 있다.

```
>>> link_crawler('http://example.webscraping.com', '.*/(index|view)/.*', user_agent='BadCrawler')
```

```
Blocked by robots.txt: http://example.webscraping.com
```

프록시 지원

때로는 프록시Proxy를 통해 웹 사이트에 접근해야 한다. 예를 들어 Hulu는 유튜브 YouTube의 동영상 서비스와 비슷한 서비스로서 미국 이외의 많은 국가에서는 차단된다. Urllib로 프록시를 지원하는 것은 쉽지 않다. 1장의 뒷부분에서 프록시를 처리할 수 있는 좀 더 사용자 친화적인 파이썬 HTTP 모듈에 대한 **요청**을 다룰 것이다. urllib로 프록시를 지원하는 방법은 다음과 같다.

```python
proxy = 'http://myproxy.net:1234' # 예시
proxy_support = urllib.request.ProxyHandler({'http': proxy})
opener = urllib.request.build_opener(proxy_support)
urllib.request.install_opener(opener)
# 이제 urlib.request를 사용한 요청은 프록시를 통해 처리된다.
```

다음은 통합한 download 함수의 다음 버전이다.

```python
def download(url, user_agent='wswp', num_retries=2, charset='utf-8',
proxy=None):
    print('Downloading:', url)
    request = urllib.request.Request(url)
    request.add_header('User-agent', user_agent)
    try:
        if proxy:
            proxy_support = urllib.request.ProxyHandler({'http': proxy})
            opener = urllib.request.build_opener(proxy_support)
            urllib.request.install_opener(opener)
        resp = urllib.request.urlopen(request)
        cs = resp.headers.get_content_charset()
        if not cs:
            cs = charset
```

```
            html = resp.read().decode(cs)
    except (URLError, HTTPError, ContentTooShortError) as e:
        print('Download error:', e.reason)
        html = None
        if num_retries > 0:
            if hasattr(e, 'code') and 500 <= e.code < 600:
            # recursively retry 5xx HTTP errors

            return download(url, num_retries - 1)
    return html
```

현재 urllib 모듈은 기본적으로 https 프록시(파이썬 3.5)를 지원하지 않는다. 미래의 파이썬 버전에서 변경될 수 있기에 최신 문서를 확인한다. 또는 추천 레시피 문서(https://code.activestate.com/recipes/456195/)를 참조하거나 계속 요청 라이브러리를 사용하는 방법을 확인하길 바란다.

쓰로틀링 다운로드

너무 빨리 웹 사이트를 크롤링하면 서버가 차단되거나 과부하가 걸릴 위험이 있다. 해당 위험을 최소화하기 위해 다운로드 간의 설정된 지연을 기다리면서 크롤링을 제한할 수 있다. 다음은 쓰로틀링^{Throttling} 다운로드를 구현하는 클래스다.

```
from urllib.parse import urlparse
import time

class Throttle:
    """
    동일 도메인의 다운로드 간 지연을 추가한다.
    """
    def __init__(self, delay):
        # 각 도메인별 다운로드 간의 지연 시간
        self.delay = delay
        # 도메인에 마지막으로 접근한 타임스탬프
```

```
        self.domains = {}

    def wait(self, url):
        domain = urlparse(url).netloc
        last_accessed = self.domains.get(domain)

        if self.delay > 0 and last_accessed is not None:
            sleep_secs = self.delay - (time.time() - last_accessed)
            if sleep_secs > 0:
                # 최근에 도메인을 접속했기 때문에
                # 기다려야 한다.
                time.sleep(sleep_secs)
        # 마지막으로 접근한 시간을 업데이트한다.
        self.domains[domain] = time.time()
```

Throttle 클래스는 각 도메인에 마지막으로 접근한 시간을 저장했다가 마지막 접근 이후의 시간이 지정된 지연보다 짧으면 기다려야 한다. 매번 download를 호출하기 전에 throttle을 호출해 크롤러에 쓰로틀링^{Throttling}을 추가할 수 있다.

```
throttle = Throttle(delay)
...
throttle.wait(url)
html = download(url, user_agent=user_agent, num_retries=num_retries,
                proxy=proxy, charset=charset)
```

스파이더 트랩 회피하기

현재까지 작성한 크롤러는 이전에 보지 못했던 링크를 추적할 수 있다. 그러나 일부 웹 사이트는 동적으로 콘텐츠를 생성하고 무한한 웹 페이지를 가질 수 있다. 예를 들어 웹 사이트에 다음 달과 다음 해에 대한 링크를 제공하는 온라인 캘린더가 있는 경우에 다음 달에는 다음 달에 대한 링크가 또한 생기며 계속 이런 식으로 길게 위젯이 설정될 것이다(긴 시간 관점에서는 계속 링크가 발생한다). 웹 사이트는 단순한 페이지

매김^{Pagination} 탐색 기능을 통해 동일한 기능을 제공할 수 있으며 기본적으로 마지막 페이지 매김에 도달해 빈 검색 결과 페이지를 얻을 때까지 페이지 매김을 적용한다. 이런 상황을 **스파이더 트랩**^{Spider Trap}이라 한다.

스파이더 트랩에 갇히지 않는 간단한 방법은 현재 웹 페이지에 도달하기 위해 추적하는 링크 개수를 얻는 것이다. 이를 **깊이**^{Depth}라고 부르다. 그리고 최대 깊이에 도달하면 크롤러는 해당 웹 페이지의 링크를 큐에 추가하지 않는다. 최대 깊이를 구현하기 위해 방문한 웹 페이지를 추적하는 seen 변수를 사전으로 변경한다. seen 변수는 딕셔너리^{Dictionary} 타입으로서 링크가 발견된 깊이를 저장한다.

```python
def link_crawler(..., max_depth=4):
    seen = {}
    ...
    if rp.can_fetch(user_agent, url):
            depth = seen.get(url, 0)
            if depth == max_depth:
                print('Skipping %s due to depth' % url)
                continue
            ...
            for link in get_links(html):
                if re.match(link_regex, link):
                    abs_link = urljoin(start_url, link)
                    if abs_link not in seen:
                        seen[abs_link] = depth + 1
                        crawl_queue.append(abs_link)
```

이제 스파이더 트랩 회피 기능을 사용하면 결국 크롤링이 완료될 것이라고 확신할 수 있다. 스파이더 트랩 회피 기능을 비활성화하려면 max_depth를 음수로 설정해 현재 깊이와 같지 않도록 한다.

최종 버전

고급 링크 크롤러의 전체 소스 코드는 https://github.com/knight76/wswp/tree/master/code/chp1/advanced_link_crawler.py에서 다운로드할 수 있다. 1장의 모든 섹션의 코드는 https://github.com/knight76/wswp/ 저장소에 위치한다. 해당 저장소의 코드를 쉽게 따라할 수 있으면 저장소를 포크^{Fork}해 자신의 코드와 비교하고 테스트할 수 있다.

링크 크롤러를 테스트하려면 사용자 에이전트를 BadCrawler로 설정해본다. 앞에서 설명한 것처럼 robots.txt에 의해 차단된다. 예상대로 크롤링은 차단돼 즉시 완료된다.

```
>>> start_url = 'http://example.webscraping.com'
>>> link_regex = '.*/(index|view)/.*'
>>> link_crawler(start_url, link_regex, user_agent='BadCrawler')
Blocked by robots.txt: http://example.webscraping.com/
```

이제 링크 크롤러에서 기본 사용자 에이전트를 사용하고 최대 깊이를 1로 설정해 홈 페이지의 링크만 다운로드한다.

```
>>> link_crawler(start_url, link_regex, max_depth=1)
Downloading: http://example.webscraping.com/places/default/index
Downloading: http://example.webscraping.com/places/default/index/1
Downloading: http://example.webscraping.com/places/default/view/Antigua-and-
Barbuda-10
Downloading: http://example.webscraping.com/places/default/view/Antarctica-9
Downloading: http://example.webscraping.com/places/default/view/Anguilla-8
Downloading: http://example.webscraping.com/places/default/view/Angola-7
Downloading: http://example.webscraping.com/places/default/view/Andorra-6
Downloading: http://example.webscraping.com/places/default/view/American-Samoa-5
Downloading: http://example.webscraping.com/places/default/view/Algeria-4
Downloading: http://example.webscraping.com/places/default/view/Albania-3
Downloading: http://example.webscraping.com/places/default/view/Aland-Islands-2
```

```
Downloading: http://example.webscraping.com/places/default/view/Afghanistan-1
```

예상대로 크롤링은 첫 번째 페이지를 다운로드한 후에 중단됐다.

```
>>> link_regex = '.*/(index|view)/.*'
>>> link_crawler(start_url, link_regex, max_depth=1)
Downloading: http://example.webscraping.com
Skipping http://example.webscraping.com/places/default/index/1 due to depth
Skipping http://example.webscraping.com/places/default/view/Antigua-and-
Barbuda-10 due to depth
Skipping http://example.webscraping.com/places/default/view/Antarctica-9 due to
depth
Skipping http://example.webscraping.com/places/default/view/Anguilla-8 due to
depth
Skipping http://example.webscraping.com/places/default/view/Angola-7 due to
depth
Skipping http://example.webscraping.com/places/default/view/Andorra-6 due to
depth
Skipping http://example.webscraping.com/places/default/view/American-Samoa-5 due
to depth
Skipping http://example.webscraping.com/places/default/view/Algeria-4 due to
depth
Skipping http://example.webscraping.com/places/default/view/Albania-3 due to
depth
Skipping http://example.webscraping.com/places/default/view/Aland-Islands-2 due
to depth
Skipping http://example.webscraping.com/places/default/view/Afghanistan-1 due to
depth
>>> link_regex = '/(index|places/default/view)'
>>> link_crawler(start_url, link_regex, max_depth=3)
Downloading: http://example.webscraping.com
Downloading: http://example.webscraping.com/places/default/view/Antigua-and-
Barbuda-10
Downloading: http://example.webscraping.com/places/default/view/Antarctica-9
Downloading: http://example.webscraping.com/places/default/view/Anguilla-8
```

requests 라이브러리 사용하기

이전까지 urllib 라이브러리만 사용해 훌륭한 고급 파서를 작성했지만 파이썬으로
개발된 대부분의 스크래핑 툴은 requests 라이브러리를 사용해 복잡한 HTTP 요청
을 관리한다. requests 라이브러리는 사람이 읽을 수 있도록 urllib 기능을 감싼 작
은 라이브러리로 시작했고 지금은 수백 명의 컨트리뷰터가 있는 큰 프로젝트로 성장
했다. 사용할 수 있는 일부 기능을 소개하면 인코딩 내부 처리, SSL 및 보안에 대한
중요한 업데이트, POST 요청, JSON, 쿠키, 프록시에 대한 쉬운 처리가 있다.

 이 책의 대부분 코드에서는 단순하고 사용하기 쉬운 requests 라이브러리를 활용한다.
requests 라이브러리는 대부분의 웹 스크래핑의 사실상 표준이다.

requests 라이브러리를 설치하려면 pip를 사용한다.

```
pip install requests
```

requests 라이브러리의 모든 기능에 대해 자세히 알고 싶다면 http://python-
requests.org의 문서를 읽거나 https://github.com/kennethreitz/requests에서
소스 코드를 찾아야 한다.

두 라이브러리를 사용해 차이점을 비교하기 위해 요청을 사용할 수 있도록 고급 링크 크롤러를 작성했다. 코드는 https://github.com/knight76/wswp/blob/master/code/chp1/advanced_link_crawler_using_requests.py에서 확인할 수 있다. 주요 download 함수는 주요 차이점을 보여준다. 요청 버전은 다음과 같다.

```python
def download(url, user_agent='wswp', num_retries=2, proxies=None):
    print('Downloading:', url)
    headers = {'User-Agent': user_agent}
    try:
        resp = requests.get(url, headers=headers, proxies=proxies)
        html = resp.text
        if resp.status_code >= 400:
            print('Download error:', resp.text)
            html = None
            if num_retries and 500 <= resp.status_code < 600:
                # HTTP 5xx 에러가 발생하면 재귀적으로 재시도한다.
                return download(url, num_retries - 1)
    except requests.exceptions.RequestException as e:
        print('Download error:', e.reason)
        html = None
```

주목할만한 차이점은 requests 라이브러리는 각 요청마다 status_code를 사용하는 것이 쉽다는 점이다. 그리고 Response 객체의 text 속성이 자동으로 생성되므로 문자 인코딩을 테스트할 필요가 없다. 드물게 해결할 수 없는 URL이나 타임 아웃이 발생할 때 쉽게 catch문을 사용해 RequestException으로 모두 처리할 수 있다. 프록시로 처리할 때는 프록시 딕셔너리(예, {'http': 'http://myproxy.net:1234', 'https': 'https://myproxy.net:1234'}) 정보를 전달해 처리될 수 있다.

두 라이브러리를 계속해서 비교하고 사용할 것이다. 사용자의 필요와 사용 사례에 따라 두 라이브러리에 익숙해질 것이다. 복잡한 웹 사이트를 다루거나 쿠키 또는 세션 사용과 같은 중요한 인증을 처리하려면 requests 라이브러리를 사용하는 것이 좋다. 6장, '폼에서 상호 작용하기'에서 인증 방법에 대해 더 자세히 다룰 것이다.

▌ 정리

1장에서는 웹 스크래핑을 소개하고 다음 장에서 재사용될 정교한 크롤러를 개발했다. 웹 사이트, 사용자 에이전트, 사이트맵, 크롤링 지연, 다양한 고급 크롤링 기술에 대한 이해를 돕기 위해 외부 툴과 모듈 사용법에 대해 설명했다.

2장에서는 크롤링된 웹 페이지에서 데이터를 스크래핑하는 방법을 살펴볼 것이다.

02

데이터 스크래핑하기

1장에서 원하는 웹 페이지를 다운로드할 수 있는 링크 크롤러를 만들었다. 링크 크롤러는 흥미롭지만 웹 페이지를 다운로드한 후 결과를 삭제하기 때문에 유용하지 않을 수 있다. 이제 크롤러는 각 웹 페이지에서 데이터를 추출해 어떤 목적을 달성할 수 있어야 한다. 이를 **스크래핑**Scraping이라 한다.

먼저 웹 개발 경험이 있다면 이미 익숙한 웹 페이지를 분석할 수 있는 브라우저 툴을 살펴볼 것이다. 그 다음 정규식인 Beautiful Soup과 lxml을 사용해 웹 페이지에서 데이터를 추출할 수 있는 세 가지 방법을 살펴볼 것이다. 마지막에 세 가지 스크래핑 방법을 비교하고 결론을 내릴 것이다.

2장에서 알아볼 내용은 다음과 같다.

- 웹 페이지 분석하기
- 웹 페이지를 스크래핑하는 방법
- 콘솔 사용하기
- xpath 선택자
- 결과 스크래핑하기

▌웹 페이지 분석하기

웹 페이지의 구조를 이해하기 위해 소스 코드를 분석할 수 있다. 대부분의 웹 브라우저에서는 페이지를 마우스 오른쪽 버튼으로 클릭하고 '**페이지 소스보기**'View page source' 옵션을 선택하면 웹 페이지의 소스 코드를 볼 수 있다.

예시 웹 사이트의 경우 관심 있는 데이터는 국가 페이지에서 찾을 수 있다. 브라우저 메뉴 또는 마우스 오른쪽 버튼을 클릭해 페이지 소스 보기를 클릭해 페이지 소스를 살펴보자. 영국 예시 페이지(http://example.webscraping.com/places/default/view/United-Kingdom-239)의 소스에서는 국가 데이터가 포함된 테이블을 찾을 수 있다(페이지 소스 코드에서 검색할 수 있다).

```
<table>
<tr id="places_national_flag__row"><td class="w2p_fl"><label class="readonly"
for="places_national_flag" id="places_national_flag__label">National Flag: </
label></td><td class="w2p_fw"><img src="/places/static/images/flags/gb.png" /></
td><td class="w2p_fc"></td></tr>
...
<tr id="places_neighbours__row"><td class="w2p_fl"><label class="readonly"
for="places_neighbours" id="places_neighbours__label">Neighbours: </label></
td><td class="w2p_fw"><div><a href="/places/default/iso/IE">IE </a></div></
td><td class="w2p_fc"></td></tr>
</table>
```

공백과 포맷팅 제약으로 웹 브라우저는 해석하는 데 문제가 되지 않지만 사람은 읽기 어렵다. 따라서 HTML 테이블을 해석할 수 있는 브라우저 툴을 사용할 수 있다. 브라우저의 개발자 툴을 찾으려면 일반적으로 마우스 오른쪽 버튼을 클릭하고 **개발자 툴**^{Developer Tools}과 같은 옵션을 선택한다. 사용하는 브라우저에 따라 개발자 툴 옵션이 다를 수 있지만 거의 모든 브라우저에는 Elements 또는 HTML이라는 탭이 있다.

크롬^{Chrome}과 파이어폭스^{Firefox}에서는 페이지의 엘리먼트(스크래핑하는 데 관심이 있는 엘리먼트)를 마우스 오른쪽 버튼으로 클릭하고 검사 또는 **엘리먼트 검사**^{Inspect Element}를 선택할 수 있다. 인터넷 익스플로러^{Internet Explorer}의 경우 **F12** 키를 눌러 개발자 툴 바를 열어야 한다. 그리고 **Ctrl + B**를 눌러 아이템을 선택할 수 있다. 내장된 개발자 툴 없이 다른 브라우저를 사용하는 경우 대부분의 웹 브라우저에서 사용할 수 있는

Firebug Lite 확장 프로그램(https://getfirebug.com/firebuglite)을 사용해 분석할 수 있다.

크롬에서 페이지의 테이블을 마우스 오른쪽 버튼으로 클릭하고 검사 또는 **엘리먼트 검사**^{Inspect Element}를 클릭하면 선택한 엘리먼트의 주변 HTML 계층 구조와 함께 다음 과 같은 패널이 생긴다.

스크린 샷을 살펴보면 table 엘리먼트가 form 엘리먼트 안에 있음을 알 수 있다. 국 가 속성이 서로 다른 CSS ID(id="places_national_flag__row"를 통해 표시된다)가 있는 tr 또는 table 로우 엘리먼트에 포함돼 있음을 알 수 있다. 브라우저에 따라 색 상이나 레이아웃이 다를 수 있지만 엘리먼트를 클릭하면 계층 구조를 탐색할 수 있 고 페이지의 데이터를 볼 수 있어야 한다. 다음 스크린샷처럼 옆을 가리키는 화살 표를 클릭해 tr 엘리먼트를 더 확장하면 각 로우 데이터가 <tr> 엘리먼트의 자식인 w2p_fw 클래스의 <td> 엘리먼트에 포함돼 있음을 알 수 있다.

```
▶<tr id="places_area__row">...</tr>
▶<tr id="places_population__row">...</tr>
▼<tr id="places_iso__row">
 ▶<td class="w2p_fl">...</td>
  <td class="w2p_fw">GB</td>
  <td class="w2p_fc"></td>
 </tr>
▼<tr id="places_country__row">
 ▼<td class="w2p_fl">
    <label for="places_country" id="places_country__label">Country: </label>
  </td>
  <td class="w2p_fw">United Kingdom</td>
  <td class="w2p_fc"></td>
 </tr>
```

브라우저 툴로 웹 페이지를 분석하면서 국가 데이터 테이블의 HTML 계층 구조를
알게 됐고 웹 페이지에서 데이터를 스크래핑하는 데 필요한 정보를 얻었다.

▌ 웹 페이지를 스크래핑하는 세 가지 방법

예시 웹 페이지의 구조를 이해했으므로 먼저 정규식으로, 그 다음 인기 있는
BeautifulSoup 모듈로, 마지막으로 강력한 lxml 모듈로 데이터를 스크래핑하는 세
가지 방법을 조사할 것이다.

정규식

정규식에 익숙하지 않거나 정규식을 다시 알려보려면 https://docs.python.org/3/
howto/regex.html에서 정규식에 대한 전체 개요를 볼 수 있다. 정규식(또는 정규식)
을 다른 프로그래밍 언어와 함께 사용하는 경우에도 정규식을 파이썬으로 다시 시작
하는 것이 좋다.

각 장은 이전 장의 일부 예시를 빌드 또는 사용할 수 있기에 책 깃허브 저장소의 파일 구조와 비슷한 파일 구조를 설정하는 것이 좋다. 모든 코드를 예시 저장소의 code 디렉터리에서 실행할 수 있기에 임포트는 잘 동작한다. 다른 구조를 설정하고 싶다면(다음 코드에서 from chp1.advanced_link_crawlerd와 같다) 다른 장의 모든 임포트 문을 변경해야 할 것이다.

정규식을 사용해 국토 면적을 스크래핑하기 위해 먼저 <td> 엘리먼트 내용과 일치하는 부분을 다음과 같이 찾는다.

```
>>> import re
>>> from chp1.advanced_link_crawler import download
>>> url = 'http://example.webscraping.com/places/default/view/United-
Kingdom-239'
>>> html = download(url)
>>> re.findall(r'<td class="w2p_fw">(.*?)</td>', html)
['<img src="/places/static/images/flags/gb.png" />',
'244,820 square kilometres',
'62,348,447',
'GB',
'United Kingdom',
'London',
'<a href="/places/default/continent/EU">EU</a>',
'.uk',
'GBP',
'Pound',
'44',
'@# #@@|@## #@@|@@# #@@|@@## #@@|@#@ #@@|@@#@ #@@|GIR0AA',
'^(([A-Z]\\d{2}[A-Z]{2})|([A-Z]\\d{3}[A-Z]{2})|([A-Z]{2}\\d{2}[A-Z]{2})|([A-
Z]{2}\\d{3}[A-Z]{2})|([A-Z]\\d[A-Z]\\d[A-Z]{2})|([A-Z]{2}\\d[A-Z]\\d[A-Z]
{2})|(GIR0AA))$',
'en-GB,cy-GB,gd',
'<div><a href="/places/default/iso/IE">IE </a></div>']
```

결과를 살펴보면 `<td class = "w2p_fw">` 태그가 여러 국가 속성에 사용됨을 보여준다. 국토 면적를 스크래핑하려면 다음과 같이 두 번째에 일치하는 엘리먼트를 선택할 수 있다.

```
>>> re.findall('<td class="w2p_fw">(.*?)</td>', html)[1]
'244,820 square kilometres'
```

이 방법은 잘 동작하지만 웹 페이지가 업데이트되면 바로 실패할 것이다. 테이블이 변경돼 두 번째에 일치하는 엘리먼트에 국토 면적이 더 이상 존재하지 않는 경우를 고려해야 한다. 지금 데이터를 스크래핑하면 앞으로 일어날 변화를 무시할 수 있다. 그러나 어느 시점에서 국토 면적 데이터를 다시 스크래핑하고 싶다면 이전 방법이 레이아웃 변경과 상관없이 견고해지기 바랄 것이다. 해당 정규식을 좀 더 구체적으로 만들려면 고유한 ID를 포함하는 부모 `<tr>` 엘리먼트를 포함시켜야 한다.

```
re.findall('<tr id="places_area__row"><td class="w2p_fl"><label class="readonly"
for="places_area" id="places_area__label">Area: </label></td><td class="w2p_
fw">(.*?)</td>', html)
```

이 방법이 이전보다 더 좋다. 그러나 웹 페이지가 다양한 방법으로 변경되면 정규식이 제대로 동작되지 않을 수 있다. 예를 들어 큰 따옴표를 작은 따옴표로 변경되거나 `<td>` 태그 사이에 추가 공백이 추가되거나 area_label이 변경될 수 있다. 다음은 이런 다양한 변경 가능성을 시도하고 지원하는 향상된 버전이다.

```
>>> re.findall('''<tr id="places_area__row">.*?<td\s*class=["']w2p_
fw["']>(.*?)</td>''', html)
['244,820 square kilometres']
```

이 정규식은 앞으로 사용할 수 있지만 만들기 어려울 뿐 아니라 읽기도 어렵다. 또한 〈title〉 속성의 <td> 태그에 추가되거나 <tr> 또는 <td> 엘리먼트의 CSS 클래스 또는 ID가 변경되는 레이아웃 변경으로 인해 정규식이 제대로 동작하지 못할 수 있다.

이 예시에서 정규식은 데이터를 스크래핑할 수 있는 빠른 방법을 제공한다. 그러나 웹 페이지가 변경될 때 정규식이 너무 쉽게 동작되지 않을 것이라는 것은 분명하다. 다행히 2장의 모든 영역에서 여러 스크래핑 라이브러리와 같은 좋은 데이터 추출 솔루션을 다룰 것이다.

Beautiful Soup

Beautiful Soup은 웹 페이지를 파싱하고 콘텐츠를 탐색하기 위한 편리한 인터페이스를 제공하는 인기있는 라이브러리다. Beautiful Soup 모듈이 없으면 다음 커맨드를 사용해 최신 버전을 설치할 수 있다.

```
pip install beautifulsoup4
```

Beautiful Soup을 이용한 첫 번째 단계는 다운로드한 HTML을 수프Soup 문서로 파싱하는 것이다. 많은 웹 페이지에는 완벽하게 유효한 HTML을 포함하지 않을 수 있어서 Beautiful Soup은 부적절한 태그 열기와 태그 닫기를 변경해야 한다. 예를 들어 속성 따옴표와 닫기 태그가 없는 다음과 같은 간단한 웹 페이지를 생각해 보자.

```
<ul class=country>
    <li>Area
    <li>Population
</ul>
```

Population 아이템이 리스트가 아니라 Area 아이템의 하위 아이템으로 해석되면 스크래핑할 때 예기치 않은 결과가 발생할 수 있다. Beautiful Soup은 어떻게 처리하는지 살펴보자.

```
>>> from bs4 import BeautifulSoup
>>> from pprint import pprint
>>> broken_html = '<ul class=country><li>Area<li>Population</ul>'
>>> # HTML을 파싱한다.
>>> soup = BeautifulSoup(broken_html, 'html.parser')
>>> fixed_html = soup.prettify()
>>> pprint(fixed_html)

('<ul class="country">\n'
 ' <li>\n'
 '  Area\n'
 ' <li>\n'
 '   Population\n'
 '  </li>\n'
 ' </li>\n'
 '</ul>')
```

기본 html.parser를 사용했을 때 HTML을 제대로 파싱하지 못했다. 이전 코드를 살펴보면 중첩된 <li> 엘리먼트를 사용했기 때문에 탐색하기가 어려울 수 있다. 다행히 파서에 더 많은 옵션이 있다. lxml(다음 섹션에서 설명한다)을 설치하거나 html5lib를 사용할 수 있다. html5lib를 설치하려면 pip를 사용한다.

```
pip install html5lib
```

이제는 파서만 다음과 같이 변경해 코드를 반복한다.

```
>>> soup = BeautifulSoup(broken_html, 'html5lib')
>>> fixed_html = soup.prettify()
```

```
>>> pprint(fixed_html)
('<html>\n'
 ' <head>\n'
 ' </head>\n'
 ' <body>\n'
 '  <ul class="country">\n'
 '   <li>\n'
 '    Area\n'
 '   </li>\n'
 '   <li>\n'
 '    Population\n'
 '   </li>\n'
 '  </ul>\n'
 ' </body>\n'
 '</html>')
```

html5lib를 사용한 Beautiful Soup은 누락된 속성 따옴표 부호와 닫기 태그를 올바르게 해석할 수 있다. 또한 <html> 태그와 <body> 태그를 추가해 완전한 HTML 문서를 얻을 수 있었다. lxml 모듈을 사용하면 비슷한 결과를 얻는다.

이제 find( )와 find_all( ) 메소드를 사용해 원하는 엘리먼트를 탐색할 수 있다.

```
>>> ul = soup.find('ul', attrs={'class':'country'})
>>> ul.find('li')   # li로 검색할 때 처음 일치하는 태그를 리턴한다.
<li>Area</li>
>>> ul.find_all('li')   # 일치하는 모든 태그를 리턴한다.
[<li>Area</li>, <li>Population</li>]
```

 사용 가능한 메소드와 매개 변수에 대한 전체 목록을 보려면 http://www.crummy.com/software/BeautifulSoup/bs4/doc/에서 공식 Beautiful Soup 설명서를 참조한다.

이제 Beautiful Soup 기술을 사용해 예시 웹 사이트에서 국토 면적를 추출하는 전체 예시를 소개한다.

```
>>> from bs4 import BeautifulSoup
>>> url = 'http://example.webscraping.com/places/default/view/United-
Kingdom-239'
>>> html = download(url)
>>> soup = BeautifulSoup(html)
>>> # 'places_area__row'를 찾는다.
>>> tr = soup.find(attrs={'id':'places_area__row'})
>>> td = tr.find(attrs={'class':'w2p_fw'})    # 데이터 엘리먼트를 찾는다.
>>> area = td.text    # 데이터 엘리먼트에서 텍스트를 얻는다.
>>> print(area)
244,820 square kilometres
```

이 코드는 이전 정규식 코드보다 소스가 많지만 쉽게 개발할 수 있고 이해하기 쉽다. 또한 추가 공백이나 태그 속성과 같은 사소한 레이아웃 변경 사항에 대해 더 이상 걱정할 필요가 없다. 또한 웹 페이지의 HTML이 손상됐다면 Beautiful Soup은 손상된 웹 페이지를 정리하고 매우 손상된 웹 사이트 코드에서 데이터를 추출할 수 있다.

lxml

lxml은 C로 작성된 libxml2 XML 파싱 라이브러리 기반으로 개발된 파이썬 라이브러리로서 Beautiful Soup보다 빠르지만 일부 컴퓨터, 특히 윈도우에는 설치하기 어렵다. 최신 설치 가이드는 http://lxml.de/installation.html에서 확인할 수 있다. pip install lxml로 설치할 수 있다. lxml 라이브러리 설치가 어렵다면 아나콘다^{Anaconda}를 사용해 직접 라이브러리를 설치할 수도 있다(https://anaconda.org/anaconda/lxml).

아나콘다는 Continuum Analytics 개발자가 개발한 개방형 데이터 과학 패키지에 중점을 둔 패키지 및 환경 관리자다. 아나콘다는 https://www.continuum.io/ downloads에서 설치 가이드를 따라 라이브러리를 다운로드하고 설치할 수 있다. 아나콘다의 빠른 설치를 사용하면 PYTHON_PATH를 파이썬의 콘다^{Conda} 설치 디렉터리로 설정된다.

Beautiful Soup과 마찬가지로 lxml을 사용할 때 첫 번째 단계는 손상된 HTML을 일관된 포맷으로 파싱하는 것이다. 다음은 이전과 동일한 손상된 HTML을 파싱하는 예시다.

```
>>> from lxml.html import fromstring, tostring
>>> broken_html = '<ul class=country><li>Area<li>Population</ul>'
>>> tree = fromstring(broken_html)  # HTML을 파싱한다.
>>> fixed_html = tostring(tree, pretty_print=True)
>>> print(fixed_html)
b'
<ul class="country">\n
<li>Area</li>\n
<li>Population</li>\n
</ul>\n'
```

Beautiful Soup에서와 마찬가지로, lxml은 <html>과 <body> 태그를 추가하지 않았더라도 누락된 속성 따옴표 부호와 닫기 태그를 올바르게 파싱할 수 있다. 표준 XML에 대한 요구 사항이 없기 때문에 lxml은 XML을 추가할 필요가 없다.

lxml은 입력을 파싱한 후에 XPath 선택자와 Beautiful Soup의 find() 메소드와 같이 엘리먼트를 선택할 수 있는 여러 옵션을 갖고 있다. 그러나 CSS 선택자가 다른 라이브러리보다 더 작고 나중에 동적 내용을 파싱할 때 5장, '동적 콘텐츠'에서 다시 사용할 계획이 있어서 CSS 선택자를 사용할 것이다. 일부 독자는 jQuery 선택자를 사용한 경험이 있거나 프론트 엔드 웹 애플리케이션을 개발한 경험이 있다면 이미 익숙할 것이다. 2장 후반부에서는 CSS 선택자의 성능을 XPath와 비교한다. CSS 선택자를 사용하려면 다음과 같이 cssselect 라이브러리를 설치해야 한다.

```
pip install cssselect
```

이제 lxml CSS 선택자를 사용해 예시 페이지에서 국토 데이터를 추출할 수 있다.

```
>>> tree = fromstring(html)
>>> td = tree.cssselect('tr#places_area__row > td.w2p_fw')[0]
>>> area = td.text_content()
>>> print(area)
244,820 square kilometres
```

이전 코드를 살펴보면 tree의 cssselect 메소드를 사용할 때 places_area__row ID 를 가진 테이블 로우 엘리먼트를 선택한 후 w2p_fw 클래스를 포함하는 자식 td 태그 를 선택할 수 있는 CSS 구문을 사용할 수 있다. cssselect는 목록을 리턴하기 때문에 첫 번째 결과를 저장하고 text_content( )를 호출한다. text_content( )는 모든 하위 엘리먼트를 순회하고 각 엘리먼트의 연결된 텍스트를 리턴한다. 예시 웹 사이트의 경우에는 하나의 엘리먼트만 갖고 있지만 해당 기능은 더 복잡한 추출 예시를 파악하는 데 유용하다.

예시 코드와 2장의 모든 코드는 깃허브 코드 저장소(https://github.com/ knight76/wswp/blob/master/code/chp2)에서 확인할 수 있다.

▌ CSS 선택자와 브라우저 콘솔

cssselect를 사용해 추출한 표기법처럼 CSS 선택자는 HTML 엘리먼트를 선택하는 데 사용되는 패턴이다. 다음은 알고 있어야 하는 공통 선택자의 몇 가지 예다.

모든 태그를 선택한다: *

```
<a> 태그를 선택한다: a
"link" 클래스를 선택한다: .link
클래스 이름이 "link" 클래스인 <a> 태그를 선택한다: a.link
클래스 이름이 "home" 클래스인 <a> 태그를 선택한다: a#home
<a> 태그의 자식 <span>을 선택한다: a span
title 속성이 "Home"인 <a> 태그를 선택한다: a[title=Home]
```

cssselect 라이브러리는 대부분의 CSS3 선택자를 구현한다. 그러나 지원되지 않는 기능(주로 브라우저 상호 작용)에 대한 자세한 내용은 https://cssselect.readthedocs.io/en/latest/#supported-selectors에서 확인할 수 있다.

 CSS3 표준은 W3C에서 지정했으며 http://www.w3.org/TR/2011/REC-css3-selectors-20110929/에서 볼 수 있다. https://developer.mozilla.org/en-US/docs/Web/CSS/CSS_Selectors에서 개발자를 위한 CSS 참조 문서에 모질라의 유용한 문서가 있다.

처음부터 완벽히 CSS 선택자를 작성하지 못할 수 있기 때문에 CSS 선택자를 테스트하는 것이 때로는 유용할 수 있다. 또한 동작할지 안할지 모르는 상태에서 파이썬 코드를 작성하기보다는 먼저 CSS 선택자로 디버깅 테스트를 하는 것이 좋은 아이디어일 것이다.

특정 웹 사이트에서 jQuery를 사용하면 브라우저 콘솔에서 CSS 선택자를 쉽게 테스트할 수 있다. 브라우저 콘솔은 브라우저 개발자 툴의 일부이기에 웹 페이지에서 자바스크립트(jQuery)를 실행할 수 있다.

jQuery로 CSS 선택자를 사용할 때 알아야 하는 유일한 문법은 객체 선택이다(예, $('div.class_name');). jQuery는 객체를 선택할 때 $와 괄호를 사용한다. 괄호 안에는 CSS 선택자를 작성할 수 있다. jQuery를 지원하는 사이트의 브라우저 콘솔에서 $와 괄호를 사용하면 선택한 객체를 볼 수 있다. 예시 웹 사이트에서 jQuery를 사용한다(소스 코드를 분석하거나 Network 탭을 보고 jQuery를 로드하거나 detectem 모듈을 사용할 수도 있다)는 것을 알고 있기 때문에 CSS 선택자를 사용해 모든 <tr> 엘리먼트를 선택할 수 있다.

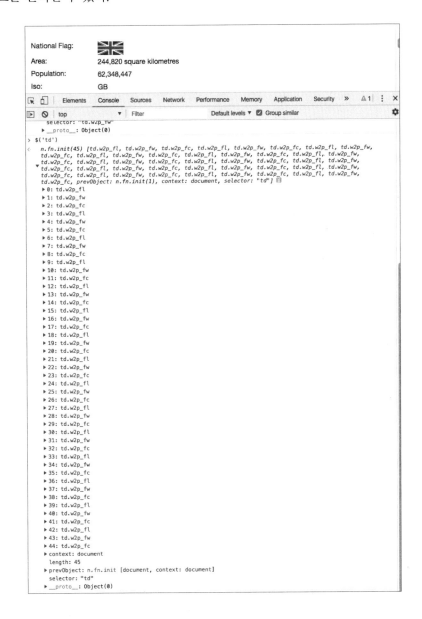

태그를 선택하면 국가 데이터의 모든 로우를 볼 수 있다. 더 긴 CSS 선택자을 사용해

엘리먼트를 선택할 수도 있다. 이제 w2p_fw 클래스의 모든 <td> 엘리먼트를 선택해 보자. 해당 엘리먼트에는 페이지의 기본 데이터가 있다.

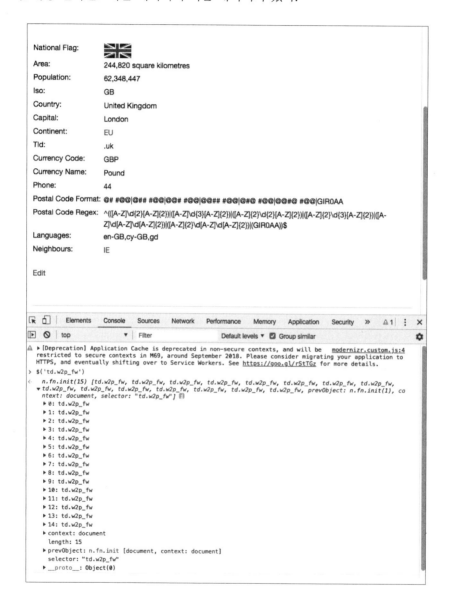

또한 마우스를 클릭해 리턴된 엘리먼트를 클릭하면 해당 엘리먼트를 확장해 이전 캡처 화면처럼 확인할 수 있다(사용 중인 브라우저에 따라 다르다). 이 방식은 데이터

를 테스트할 때 사용되는 아주 유용한 방법이다. 스크래핑할 사이트가 브라우저에서 jQuery 또는 친숙한 다른 선택자 라이브러리를 로드하지 않으면 간단한 자바스크립트를 사용해 document 객체에서 동일하게 조회할 수 있다.

querySelector 메소드에 대한 문서는 모질라 개발자 네트워크 문서(https://developer.mozilla.org/en-US/docs/Web/API/Document/querySelector)에서 살펴볼 수 있다.

콘솔과 lxml에서 CSS 선택자를 사용한 후에도 lxml이 모든 CSS 선택자를 평가하기 전에 모든 CSS 선택자를 변환하는 XPath를 익히는 것이 유용할 수 있다. XPath 사용법을 계속 알고 싶다면 계속 읽어보길 바란다.

▌Xpath Selectors

CSS 선택자를 사용하더라도 효과가 없는 경우가 있다. 이런 경우는 매우 손상된 HTML 또는 부적절한 포맷의 엘리먼트가 있는 경우에 특히 발생된다. BeautifulSoup과 lxml과 같이 코드를 올바르게 파싱하고 정리하는 라이브러리를 사용하더라도 항상 동작하지 않을 수 있다. 이런 경우에 XPath는 페이지 엘리먼트의 계층 관계를 기반으로 매우 구체적인 선택자를 지정할 수 있다.

XPath는 관계를 XML 문서의 계층 구조로 설명하는 방법이다. HTML은 XML 엘리먼트를 사용해 구성되기 때문에 XPath를 사용해 HTML 문서에서 엘리먼트를 탐색하고 선택할 수도 있다.

 XPath에 대한 자세한 내용은 모질라 개발자 네트워크 문서(https://developer.mozilla.org/en-US/docs/Web/XPath)를 참조한다.

XPath는 일부 기본 문법 규칙을 따르며 CSS 선택자와 비슷한 공통점이 있다. 다음 표에서 두 선택자를 비교하는 내용을 살펴보자.

선택자 설명	XPath 선택자	CSS 선택자
모든 링크를 선택한다.	'//a'	'a'
"main" 클래스의 div를 선택한다.	'//div[@class="main"]'	'div.main'
ID "list" ID를 갖는 ul을 선택한다.	'//ul[@id="list"]'	'ul#list'
모든 단락(p)에서 텍스트를 선택한다.	'//p/text()'	'p'*
'test'라는 클래스를 포함하는 모든 div를 선택한다.	'//div[contains(@class, 'test')]'	'div [class*="test"]'
div의 모든 링크(a) 또는 리스트(ul)를 선택한다.	'//div[a|ul] '	'div a, div ul'
href의 google.com의 링크를 선택한다.	'//a[contains(@href, "google.com")]'	'a'*

이전 테이블을 살펴보면 두 선택자의 문법 간에 많은 유사점이 있음을 알 수 있다. 그러나 'a *'라는 CSS 선택자를 사용한다고 가정해보자. 해당 CSS 선택자를 사용할 때 정확히 원하는 엘리먼트를 추출할 수 없다. 다른 대안을 생각해보면 cssselect를 사용했을 때 파이썬과 lxml을 사용해 추가 조작 또는 반복 작업을 수행해야 할 것이다. 다행히 이전 비교 테이블을 통해 XPath를 소개했고 단순히 CSS 선택자를 사용하는 것보다 XPath를 사용하는 것이 더 정확하고 구체적이라는 것을 확인했다.

이제 XPath 구문에 대한 기본적인 내용을 살펴보자. 예시 웹 사이트에 XPATH를 사용하는 방법을 살펴보자.

```
>>> tree = fromstring(html)
>>> area = tree.xpath('//tr[@id="places_area__row"]/td[@class="w2p_fw"]/text()')
[0]
>>> print(area)
244,820 square kilometres
```

브라우저 콘솔에서 CSS 선택자를 사용할 수 있는 것처럼 XPath 선택자를 테스트할 수 있다. 테스트를 진행하려면 CSS 선택자를 사용할 수 있는 페이지에서 단순히 $x('pattern_here'); 선택자를 사용하면 된다. 마찬가지로 간단한 자바스크립트에서 document 객체를 사용할 수 있고 evaluate 메소드도 호출할 수도 있다.

 자바스크립트에서 XPath를 사용하는 방법에 대해서는 모질라 개발자 네트워크 자료 (https://developer.mozilla.org/en-US/docs/Introduction_to_using_ XPath_in_JavaScript)를 참조하길 바란다.

국가 페이지에서 국기 데이터를 얻기 위해 이미지가 포함된 <td> 엘리먼트를 테스트하려면 브라우저에서 먼저 XPath 패턴을 테스트할 수 있다.

먼저 브라우저 콘솔에서 $x('//td/img')를 실행한다.

이번에는 브라우저 콘솔에서 $x('//td/img/@src')를 실행한다.

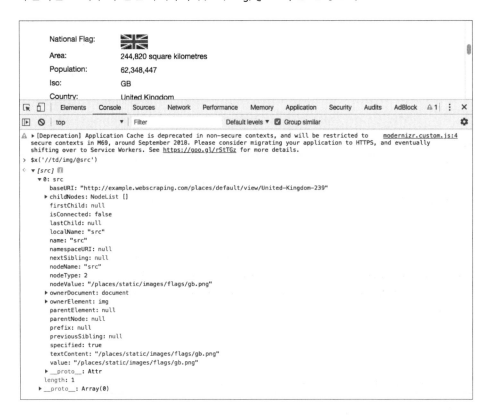

이전 스크린샷에서 얻고 싶은 데이터를 얻기 위해 @src 속성을 사용했다. 브라우저에서 테스트하면 즉각적이고 눈에 들어오는 결과를 얻을 수 있기에 디버깅 시간을 줄일 수 있다.

2장과 이후 여러 장에서 XPath와 CSS 선택자를 모두 사용할 것이다. 따라서 독자는 두 선택자에 대해 익숙해질 것이며 웹 스크래핑 기능을 향상시키면서 자신감을 느낄 수 있다.

LXML 및 패밀리 트리

또한 lxml에는 HTML 페이지의 패밀리 트리를 탐색하는 기능이 있다. 패밀리 트리

Family Tree란 무엇인가? 브라우저의 개발자 툴을 사용해 웹 페이지의 엘리먼트를 조사하고 확장하거나 축소하는 것을 HTML에서 패밀리 관계를 관찰한다고 말한다. 웹 페이지의 모든 엘리먼트에는 부모, 형제, 자녀가 있을 수 있다. 패밀리 관계를 살펴보면 웹 페이지를 훨씬 쉽게 탐색하는 데 도움이 된다.

예를 들어 웹 페이지의 동일한 노드 깊이 레벨에서 모든 엘리먼트를 찾으려면 형제를 찾고 있을 것이다. 또는 웹 페이지의 특정 엘리먼트의 하위 엘리먼트인 모든 엘리먼트를 원할 수도 있다. lxml을 사용하면 간단한 파이썬 코드로 많은 관계를 사용할 수 있다.

예를 들어 예시 페이지에서 table 엘리먼트의 모든 하위 아이템을 조사한다.

```
>>> table = tree.xpath('//table')[0]
>>> table.getchildren()
[<Element tr at 0x7f525158ec78>,
<Element tr at 0x7f52515ad638>,
<Element tr at 0x7f52515ad5e8>,
<Element tr at 0x7f52515ad688>,
<Element tr at 0x7f52515ad728>,
...]
```

테이블의 형제와 부모 엘리먼트도 볼 수 있다.

```
>>> prev_sibling = table.getprevious()
>>> print(prev_sibling)
None
>>> next_sibling = table.getnext()
>>> print(next_sibling)
<Element div at 0x7f5252fe9138>
>>> table.getparent()
<Element form at 0x7f52515ad3b8>
```

웹 페이지에서 엘리먼트에 접근할 수 있는 더 일반적인 방법이 필요하다면 XPath 표현식과 결합된 패밀리 관계를 탐색하는 것이 좋은 방법이다. 따라서 웹 페이지에서 접근하고자 할 엘리먼트에 콘텐츠를 식별함으로써 웹 페이지의 중요한 부분을 식별할 수 있는 다양한 유형의 페이지에서 콘텐츠를 추출할 수 있다. 이 방법을 사용하면 엘리먼트에서 식별 가능한 CSS 선택자를 포함하지 않는 경우에도 동작한다.

▌성능 비교

'웹 페이지를 스크래핑하는 세 가지 방법' 섹션에서 설명한 스크래핑 방법 간에 절충점을 평가하기 위해 상대적인 효율성을 비교하는 것이 도움이 된다. 일반적으로 스크래퍼는 특정 웹 페이지에서 여러 필드를 추출한다. 따라서 보다 현실적으로 비교하기 위해 각 국가의 웹 페이지에서 사용 가능한 모든 데이터를 추출하는 각 스크래퍼의 확장 버전을 구현할 것이다. 구현을 시작하려면 다음과 같이 브라우저에서 여러 국가의 특징을 확인해야 한다.

브라우저의 검사 기능을 사용하면 각 테이블 로우에서 places_로 시작하고 __row
로 끝나는 ID가 있음을 알 수 있다. 국가 데이터는 국토 예시와 동일한 포맷으로 해
당 로우에 포함된다. 다음은 국가 데이터 정보를 사용해 사용 가능한 모든 국가 데이
터를 추출하는 구현이다.

```python
FIELDS = ('area', 'population', 'iso', 'country', 'capital', 'continent', 'tld',
'currency_code', 'currency_name', 'phone', 'postal_code_format', 'postal_code_
regex', 'languages', 'neighbours')

import re
def re_scraper(html):
    results = {}
    for field in FIELDS:
        results[field] = re.search('<tr id="places_%s__row">.*?<td class="w2p_
            fw">(.*?)</td>' % field, html).groups()[0]
    return results

from bs4 import BeautifulSoup
def bs_scraper(html):
    soup = BeautifulSoup(html, 'html.parser')
    results = {}
    for field in FIELDS:
        results[field] = soup.find('table').find('tr',id='places_%s__row' %
            field).find('td', class_='w2p_fw').text
    return results

from lxml.html import fromstring
def lxml_scraper(html):
    tree = fromstring(html)
    results = {}
    for field in FIELDS:
        results[field] = tree.cssselect('table > tr#places_%s__row > td.w2p_fw'
            % field)[0].text_content()
    return results
```

```
def lxml_xpath_scraper(html):
    tree = fromstring(html)
    results = {}
    for field in FIELDS:
        results[field] = tree.xpath('//tr[@id="places_%s__row"]/td[@class="w2p_
            fw"]' % field)[0].text_content()
    return results
```

▌ 스크래핑 결과

이제 각 스크래퍼에 대한 구현이 완료돼서 상대 성능 테스트를 진행한다. 코드의 임
포트[import]문의 디렉터리 구조는 책의 저장소와 비슷할 것이지만 필요에 따라 변경하
길 바란다.

```
import time
import re
from chp2.all_scrapers import re_scraper, bs_scraper, lxml_scraper,
    lxml_xpath_scraper
from chp1.advanced_link_crawler import download

NUM_ITERATIONS = 1000 # 각 스크래퍼를 테스트할 반복 횟수
html = download('http://example.webscraping.com/places/default/view/United-
Kingdom-239')

scrapers = [
    ('Regular expressions', re_scraper),
    ('BeautifulSoup', bs_scraper),
    ('Lxml', lxml_scraper),
    ('Xpath', lxml_xpath_scraper)]

for name, scraper in scrapers:
```

```
# 스크래핑을 시작한 시간을 저장한다.
start = time.time()
for i in range(NUM_ITERATIONS):
    if scraper == re_scraper:
        re.purge()
    result = scraper(html)
    # 스크래핑 결과가 예상한 값인지 확인한다.
    assert result['area'] == '244,820 square kilometres'
# 스크래핑을 정리한 시간을 저장하고 전체 소요 시간을 출력한다.
end = time.time()
print('%s: %.2f seconds' % (name, end - start))
```

이 예시에서는 각 스크래퍼를 1000번 실행하고 스크래핑 결과가 예상과 같은지 확
인한 후 전체 소요 시간을 출력한다. 여기에 사용된 download 함수는 1장에서 정의
된 기능이다. re.purge()를 호출하는 강조 표시된 라인에 주목한다. 기본적으로 정
규식 모듈은 검색을 캐싱한다. 따라서 다른 스크래핑 접근 방법과 공정하게 비교할
수 있도록 캐싱이 제거돼야 한다.

컴퓨터에서 test_scrapers.py 스크립트를 실행한 결과는 다음과 같다.

```
$ python chp2/test_scrapers.py
Regular expressions: 1.80 seconds
BeautifulSoup: 14.05 seconds
Lxml: 3.08 seconds
Xpath: 1.07 seconds
```

사용 중인 하드웨어가 다르기 때문에 결과가 다를 수 있다. 그러나 각 접근 방법 간
의 상대적 차이는 비슷할 것이다. 따라서 Beautiful Soup은 예시 웹 페이지를 스크
래핑할 때 사용된 다른 접근 방법보다 6배 이상 느리다. Beautiful Soup은 순수 파
이썬으로 개발됐지만 lxml과 정규식 모듈은 C로 개발됐기 때문에 이런 결과를 예상
할 수 있다.

흥미로운 사실은 lxml은 엘리먼트를 검색하기 전에 내부 포맷으로 입력을 파싱해야 하는 추가 오버 헤드가 있기 때문에 lxml이 정규식과 비교적 잘 수행됐다는 점이다. 웹 페이지에서 많은 부분을 스크래핑하면 초기 파싱 부하는 줄어들고 lxml은 점점 경쟁력을 갖는다. XPath 파서에서 알 수 있듯 lxml은 정규식과 직접 경쟁할 만한 모듈이다. lxml은 정말 놀라운 모듈이다.

 lxml을 파싱에 사용할 것을 강력히 권장하지만 일반적으로 웹 스크래핑에 대한 성능 병목 현상이 가장 크다. 워크 플로우를 병렬화하는 방법을 설명하고 여러 요청을 동시에 처리함으로써 크롤러의 속도를 높일 수 있다.

스크래핑 개요

다음 표는 스크래핑에 대한 각 접근 방법의 장단점을 요약한 것이다.

스크래핑 접근 방법	성능	사용 용이성	손쉬운 설치
정규식	빠르다	빠르다	쉽다(내장 모듈)
Beautiful Soup	느리다	쉽다	쉽다(순수 파이썬)
Lxml	빠르다	쉽다	다소 어렵다

속도가 문제가 아니고 pip를 통해 라이브러리를 설치하는 것을 선호하는 경우 Beautiful Soup과 같이 느린 방법을 사용하더라도 문제가 되지 않을 것이다. 적은 데이터만 다룰 필요가 있고 추가 의존성을 피하려면 정규식을 사용하는 것이 좋다. 그러나 일반적으로 lxml은 빠르고 강력한 반면 정규식과 Beautiful Soup이 빠르지 않고 수정하기 쉽지 않기 때문에 lxml이 스크래핑에 가장 적합한 선택이라 할 수 있다.

링크 크롤러에 스크래핑 콜백 추가하기

이제 국가 데이터를 스크래핑하는 방법을 알았기 때문에 데이터를 1장, '웹 스크래핑 소개'에서 작성한 링크 크롤러에 통합할 수 있다. 동일한 크롤링 코드를 재사용해 여러 웹 사이트를 스크래핑할 수 있도록 callback 매개 변수를 추가해 스크래핑을 처리한다. callback은 특정 이벤트(이 경우 웹 페이지를 다운로드한 후) 후에 호출될 함수이다. callback 콜백은 매개 변수로 url과 html을 받고 선택적으로 크롤링할 추가 URL의 목록을 리턴한다. 파이썬 구현은 다음과 같이 간단하다.

```
def link_crawler(..., scrape_callback=None):
    ...
    data = []
    if scrape_callback:
        data.extend(scrape_callback(url, html) or [])
    ...
```

스크래핑할 callback 함수에 대한 새 코드는 강조 표시돼 있고 링크 크롤러에 대한 전체 소스 코드는 https://github.com/knight76/wswp/blob/master/code/chp2/advanced_link_crawler.py에서 확인할 수 있다.

이제 scrape_callback에 전달된 함수를 사용자 정의해 여러 웹 사이트를 스크래핑하는 데 링크 크롤러를 사용할 수 있다. 다음은 callback 함수에 사용할 수 있는 lxml 예시 스크래퍼의 수정된 버전이다.

```
def scrape_callback(url, html):
    fields = ('area', 'population', 'iso', 'country', 'capital',
              'continent', 'tld', 'currency_code', 'currency_name',
              'phone', 'postal_code_format', 'postal_code_regex',
              'languages', 'neighbours')
    if "login" in url or "register" in url:
        return
```

```
    if re.search('/view/', url):
        tree = fromstring(html)
        all_rows = [
            tree.xpath('//tr[@id="places_%s__row"]/td[@class="w2p_fw"]' % field)
                [0].text_content()
            for field in fields]
        print(url, all_rows)
```

scrape_callback 함수는 국가 데이터를 스크래핑하고 출력한다. 두 함수를 임포트
해 scrape_callback에 정규식과 URL을 해당 콜백함수에 전달하고 호출함으로서 테
스트할 수 있다.

```
>>> from chp2.advanced_link_crawler import link_crawler, scrape_callback
>>> link_crawler('http://example.webscraping.com', '.*/(index|view)/.*', scrape_
callback=scrape_callback)
```

이제 다음과 같이 URL과 스크래핑된 데이터를 보여주는 라인뿐 아니라 웹 페이지
다운로드도 함께 출력하고 있는 것을 볼 수 있을 것이다.

```
Downloading: http://example.webscraping.com/places/default/view/Botswana-30
http://example.webscraping.com/places/default/view/Botswana-30 ['600,370 square
kilometres', '2,029,307', 'BW', 'Botswana', 'Gaborone', 'AF', '.bw', 'BWP',
'Pula', '267', '', '', 'en-BW,tn-BW', 'ZW ZA NA ']
```

일반적으로 웹 사이트를 스크래핑할 때 단순한 데이터 출력뿐 아니라 데이터를 재사
용하기 위해 결과를 CSV 스프레드시트에 저장하는 예시 코드를 추가한다.

```
import csv
import re
from lxml.html import fromstring
```

```
class CsvCallback:
    def __init__(self):
        self.writer = csv.writer(open('../data/countries.csv', 'w'))
        self.fields = ('area', 'population', 'iso', 'country',
                        'capital', 'continent', 'tld', 'currency_code', 'currency_name',
                        'phone', 'postal_code_format', 'postal_code_regex',
                        'languages', 'neighbours')
        self.writer.writerow(self.fields)

    def __call__(self, url, html):
        if "login" in url or "register" in url:
            return
        if re.search('/view/', url):
            tree = fromstring(html)
            all_rows = [
                tree.xpath(
                    '//tr[@id="places_%s__row"]/td[@class="w2p_fw"]' % field)[0].text_
                    content()
                for field in self.fields]
            self.writer.writerow(all_rows)
```

콜백을 작성할 때 csv 파일에서 writer의 상태를 유지할 수 있도록 함수 대신 클래스를 사용했다. csv 파일 writer는 생성자에서 초기화된 후 __call__ 메소드에서 여러 번 작성된다. __call__ 은 객체가 함수로 "호출"될 때 호출되는 특별한 메소드로, 링크 크롤러에서 cache_callback이 사용되는 방법이다. 즉 scrape_callback(url, html)은 scrape_callback.__call__(url, html)을 호출하는 것과 같다. 파이썬의 특별한 클래스 메소드에 대한 자세한 내용은 https://docs.python.org/3/reference/datamodel.html#special-method-names를 참조한다.

해당 콜백을 링크 크롤러에 전달하는 방법은 다음과 같다.

```
>>> from chp2.advanced_link_crawler import link_crawler
>>> from chp2.csv_callback import CsvCallback
```

```
>>> link_crawler('http://example.webscraping.com/', '.*/(index|view)/.*', max_
depth=-1, scrape_callback=CsvCallback())
```

CsvCallback은 코드를 실행 중인 폴더의 상위 폴더와 동일한 레벨 폴더의 data 디렉터리가 있을 것이라 가정한다. 또한 코드 수정이 가능하지만 코드와 데이터를 분리해서 보관하는 좋은 코딩 습관을 따르길 바란다. 버전 제어 하에 코드 폴더를 유지하면서 .gitignore 파일에 data 폴더를 저장할 수 있다. 다음은 디렉터리 구조의 예시다.

```
wswp/
|-- code/
|    |-- chp1/
|    |    + (1 장의 소스 파일)
|    +-- chp2/
|         + (2 장의 소스 파일)
|-- data/
|    + (생성된 데이터 파일)
|-- README.md
+-- .gitignore
```

이제 scrape_callback을 사용한 크롤러를 실행하면 Excel 또는 LibreOffice와 같은 애플리케이션에서 볼 수 있는 CSV 파일로 저장된다. 활발히 정보를 수집하기 때문에 처음 실행하는 것보다 실행하는 데 약간 시간이 걸릴 수 있다. 스크랩퍼가 종료되면 모든 데이터가 포함된 CSV를 볼 수 있다.

area	population	iso	country	capital	continent	tld	currency_code	currency_name	phone	posta
390,580 square kilometres	11651858	ZW	Zimbabwe	Harare	AF	.zw	ZWL	Dollar	263	
752,614 square kilometres	13460305	ZM	Zambia	Lusaka	AF	.zm	ZMW	Kwacha	260	####
527,970 square kilometres	23495361	YE	Yemen	Sanaa	AS	.ye	YER	Rial	967	
266,000 square kilometres	273008	EH	Western Sahara	El-Aaiun	AF	.eh	MAD	Dirham	212	
274 square kilometres	16025	WF	Wallis and Futuna	Mata Utu	OC	.wf	XPF	Franc	681	####
329,560 square kilometres	89571130	VN	Vietnam	Hanoi	AS	.vn	VND	Dong	84	####
912,050 square kilometres	27223228	VE	Venezuela	Caracas	SA	.ve	VEF	Bolivar	58	####
0 square kilometres	921	VA	Vatican	Vatican City	EU	.va	EUR	Euro	379	####
12,200 square kilometres	221552	VU	Vanuatu	Port Vila	OC	.vu	VUV	Vatu	678	
447,400 square kilometres	27865738	UZ	Uzbekistan	Tashkent	AS	.uz	UZS	Som	998	####
176,220 square kilometres	3477000	UY	Uruguay	Montevideo	SA	.uy	UYU	Peso	598	####
0 square kilometres	0	UM	United States Minor Outlying Islands		OC	.um	USD	Dollar	1	
9,629,091 square kilometres	3.1E+008	US	United States	Washington	NA	.us	USD	Dollar	1	####
244,820 square kilometres	62348447	GB	United Kingdom	London	EU	.uk	GBP	Pound	44	@# #
82,880 square kilometres	4975593	AE	United Arab Emirates	Abu Dhabi	AS	.ae	AED	Dirham	971	
603,700 square kilometres	45415596	UA	Ukraine	Kiev	EU	.ua	UAH	Hryvnia	380	####
236,040 square kilometres	33398682	UG	Uganda	Kampala	AF	.ug	UGX	Shilling	256	
352 square kilometres	108708	VI	U.S. Virgin Islands	Charlotte Amalie	NA	.vi	USD	Dollar	+1-340	####
26 square kilometres	10472	TV	Tuvalu	Funafuti	OC	.tv	AUD	Dollar	688	
430 square kilometres	20556	TC	Turks and Caicos Islands	Cockburn Town	NA	.tc	USD	Dollar	+1-649	TKC/
488,100 square kilometres	4940916	TM	Turkmenistan	Ashgabat	AS	.tm	TMT	Manat	993	####
780,580 square kilometres	77804122	TR	Turkey	Ankara	AS	.tr	TRY	Lira	90	####

제대로 CSV 파일이 생성됐다. 최초로 동작하는 스크래퍼를 완성했다.

정리

2장에서는 웹 페이지에서 데이터를 스크래핑하는 다양한 방법을 살펴봤다. 정규식은 일회용 스크래핑 또는 전체 웹 페이지를 파싱할 때 부하를 피하는 데 유용할 수 있다. Beautiful Soup은 높은 레벨의 인터페이스를 제공하는 동시에 어려운 의존성을 피할 수 있다. 그러나 일반적으로 lxml은 속도와 광범위한 기능을 갖고 있어서 최고의 선택이 될 것이다. 향후 예시에서는 lxml을 사용할 것이다.

또한 브라우저 툴과 콘솔을 사용해 HTML 페이지를 분석하고 CSS 선택자와 XPath 선택자를 정의해 다운로드한 페이지의 내용과 동일한 콘텐츠와 일치하는 데이터를 얻는 방법과 추출하는 방법을 배웠다. 3장에서는 웹 페이지를 저장할 수 있고 처음 크롤러가 실행될 때 웹 페이지만 다운로드되는 캐싱을 소개한다.

03

다운로드 캐싱

2장에서는 크롤링한 웹 페이지에서 데이터를 스크래핑하는 방법과 스크래핑 결과를 CSV 파일에 저장하는 방법을 살펴봤다. 이제 플래그 URL과 같은 추가 필드를 스크래핑하려면 어떻게 해야 할까? 추가 필드를 스크래핑하려면 전체 웹 사이트를 다시 다운로드해야 한다. 작은 예시 웹 사이트에서는 큰 이슈가 되지 않는다. 그러나 다른 웹 사이트에는 수백만 개의 웹 페이지가 있을 수 있고 다시 크롤링하는 데 몇 주가 걸릴 수 있다. 스크래퍼가 해당 이슈를 회피할 수 있는 한 가지 방법은 처음부터 크롤링된 웹 페이지를 캐싱하면 단 한 번만 다운로드하면 된다.

3장에서는 웹 크롤러를 사용하는 여러 방법을 설명한다.

3장에서 알아볼 내용은 다음과 같다.

- 캐싱을 사용해야 하는 경우

- 링크 크롤러에 캐싱 지원 추가
- 캐싱 테스트
- requests 라이브러리 사용 – 캐싱
- 레디스 캐싱 구현

▌ 언제 캐싱을 사용할까?

캐싱할까? 캐싱을 사용하지 말까? 많은 프로그래머, 데이터 과학자, 웹 스크래퍼는 이 질문에 대답해야 한다. 3장에서는 웹 크롤러에 캐싱을 사용하는 방법을 보여준다. 하지만 캐싱을 사용해야 할까?

에러 또는 예외로 인해 중단될 수 있는 대량 크롤링을 수행해야 한다면 캐싱은 이미 캐싱에 저장했던 모든 페이지를 다시 크롤링할 필요가 없다. 캐싱은 오프라인 상태(데이터 분석 또는 개발 목적)에서 웹 페이지에 접근할 수 있도록 하기 때문에 사용자에게 도움이 된다.

그러나 웹 사이트에서 가장 최신 정보와 현재 정보를 얻는 것이 최우선이라면 캐싱이 적합하지 않을 수 있다. 또한 대규모 크롤링이나 반복적인 크롤링을 계획하지 않으면 매번 페이지를 스크래핑하고 싶을 것이다.

캐싱을 구현하기 전에 얼마나 자주 페이지를 스크래핑할지, 얼마나 자주 새로운 페이지를 스크래핑할지, 얼마나 자주 캐싱을 삭제해야 할지 등을 말하고 싶을 것이다. 그러나 먼저 캐싱을 사용하는 방법을 살펴보자.

▌ 링크 크롤러에 캐싱 기능 추가하기

캐싱을 지원하려면 1장, '웹 스크래핑 소개'에서 개발된 download 함수을 수정해

URL을 다운로드하기 전에 캐싱을 확인해야 한다. 또한 download 함수 안에서, 그리고 캐싱에서 로드할 때가 아니라 다운로드가 이뤄질 때 쓰로틀링Throttling을 조절해야 한다. 매번 다운로드할 때마다 다양한 매개 변수를 전달할 필요가 없도록 이 기회를 통해 download 함수를 클래스로 리팩토링Refactoring해 매개 변수를 생성자에서 설정하고 여러 번 재사용할 수 있다. 다음은 해당 리팩토링을 구현한 코드다.

```python
from chp1.throttle import Throttle
from random import choice
import requests


class Downloader:
    def __init__(self, delay=5, user_agent='wswp', proxies=None, cache={}):
        self.throttle = Throttle(delay)
        self.user_agent = user_agent
        self.proxies = proxies
        self.num_retries = None  # 매 요청마다 None을 설정한다.
        self.cache = cache

    def __call__(self, url, num_retries=2):
        self.num_retries = num_retries
        try:
            result = self.cache[url]
            print('Loaded from cache:', url)
        except KeyError:
            result = None
        if result and self.num_retries and 500 <= result['code'] < 600:
            # 캐싱 결과가 서버 에러이면 무시하고 다운로드를 다시 한다.
            result = None
        if result is None:
            # 캐싱에서 결과를 로드하지 않기에 다운로드해야 한다.
            self.throttle.wait(url)
            proxies = choice(self.proxies) if self.proxies else None
            headers = {'User-Agent': self.user_agent}
            result = self.download(url, headers, proxies)
```

```
        if self.cache:
            # 결과를 캐시에 저장한다.
            self.cache[url] = result
    return result['html']


def download(self, url, headers, proxies, num_retries):
    ...
    return {'html': html, 'code': resp.status_code }
```

 Download 클래스의 전체 소스 코드는 https://github.com/knight76/wswp/blob/master/code/chp3/downloader.py에서 볼 수 있다.

이전 코드에서 사용된 Download 클래스의 흥미로운 부분은 __call__이라는 특별 메소드에 있다. __call__ 메소드는 다운로드 전에 캐싱을 확인한다. __call__ 메소 드는 먼저 URL이 이전에 캐싱에 저장됐는지 여부를 확인한다. 기본적으로 캐싱 타 입은 파이썬 딕셔너리다. URL이 캐싱돼 있으면 이전 다운로드에서 서버 에러가 발 생했는지 여부를 확인한다.

마지막으로 서버 에러가 발생하지 않은 경우 캐싱된 결과를 사용할 수 있다. 이 검 사 중 하나라도 실패하면 URL을 평소대로 다운로드해야 하며 그 결과가 캐싱에 추 가된다.

Download 클래스의 download 메소드는 HTTP 상태 코드를 리턴해 에러 코드를 캐싱 에 저장할 수 있다는 점만 제외하면 이전 다운로드 함수와 거의 같다. 또한 자체 코 드를 호출하고 num_retries를 테스트하는 대신 self.num_retries를 먼저 줄인 후 재시도 값이 남아 있으면 self.download를 재귀적으로 사용해야 한다. 쓰로틀링이 나 캐싱 없이 간단한 다운로드만 원하는 경우 __call__ 대신 self.download를 사 용하면 된다.

cache 클래스는 cache에서 읽을 때 result = cache[url]을 호출하고 cache에 저장할 때 cache[url] = result를 호출하는 데 사용된다. 파이썬의 내장 딕셔너리 데이터 포맷은 편리한 인터페이스를 제공한다. 해당 인터페이스를 지원하려면 cache 클래스가 __getitem __() 및 __setitem __() 특별 클래스 메소드를 정의해야 한다.

다음 코드처럼 cache 매개 변수를 추가하고 쓰로틀링을 제거하고, download 함수를 새로운 클래스로 바꿔 캐싱을 지원하도록 링크 크롤러를 약간 업데이트해야 한다.

```python
def link_crawler(..., num_retries=2, cache={}):
    crawl_queue = [seed_url]
    seen = {seed_url: 0}
    rp = get_robots(seed_url)
    D = Downloader(delay=delay, user_agent=user_agent, proxies=proxies,
        cache=cache)

    while crawl_queue:
        url = crawl_queue.pop()
        # url이 robots.txt 제한을 통과하는지 확인한다.
        if rp.can_fetch(user_agent, url):
            depth = seen.get(url, 0)
            if depth == max_depth:
                continue
            html = D(url, num_retries=num_retries)
            if not html:
                continue
            ...
```

num_retries가 이제 link_crawler 함수와 연결됨을 알 수 있다. 따라서 요청 재시도 횟수를 URL 단위에서 활용할 수 있다. self.num_retries 값을 재설정하지 않아도 동일한 재시도 횟수를 단순히 사용하기 때문에 특정 페이지에서 500 에러가 발생하면 재시도 값은 점차 작아든다.

전체 코드는 링크 크롤러 코드(https://github.com/knight76/wswp/blob/master/code/chp3/advanced_link_crawler.py)에서 다시 확인할 수 있다. 이제 웹 스크래핑 인프라가 준비됐기 때문에 실제 캐싱을 구축할 수 있다.

▌디스크 캐싱

다운로드를 캐싱하려면 먼저 명백한 해결책을 시도하고 웹 페이지를 파일시스템에 저장해야 한다. 따라서 URL을 운영체제와 상관없는 파일 이름으로 매핑하는 방법이 필요하다. 다음 표는 많이 사용되는 파일시스템의 제한 사항을 나열한다.

운영체제	파일시스템	허용되지 않는 파일 이름 문자	최대 파일 이름 길이
리눅스	Ext3/Ext4	/, \0	255바이트
OS X	HFS Plus	:, \0	255 UTF-16 코드 단위
윈도우	NTFS	\, /, ?, :, *, ", >, <,		255자

해당 파일시스템에서 파일 경로를 안전하게 지정하려면 숫자, 문자, 기본 구두점으로 제한해야 하며 다음 코드처럼 허용되지 않는 모든 문자를 언더 스코어('_')로 대체해야 한다.

```
>>> import re
>>> url = 'http://example.webscraping.com/places/default/view/Australia-14'
>>> re.sub('[^/0-9a-zA-Z\-.,;_ ]', '_', url)
'http__/example.webscraping.com/places/default/view/Australia-14'
```

또한 위의 표에 설명된 길이 제한을 충족하려면 파일 이름과 상위 디렉터리를 255자(다음 코드 참조)로 제한해야 한다.

```
>>> filename = re.sub('[^/0-9a-zA-Z\-.,;_ ]', '_', url)
>>> filename = '/'.join(segment[:255] for segment in filename.split('/'))
>>> print(filename)
http__//example.webscraping.com/places/default/view/Australia-14
```

이전 예시의 URL 길이가 255자보다 길지 않다. 그래서 파일 경로가 변경되지 않았다. 또한 예를 들어 URL 경로에 슬래시(/)로 끝나는 경우가 있으면 슬래시 뒤에 빈 문자열은 잘못된 파일 이름이 된다. 그러나 파일 이름에 부모를 사용하도록 슬래시를 제거하면 다른 URL을 저장할 수 없다. 다음 URL을 살펴보자.

- http://example.webscraping.com/places/default/view/
- http://example.webscraping.com/places/default/view/1

이 URL을 저장해야 한다면 파일 이름인 1을 사용해 하위 페이지를 저장하는 디렉터리여야 한다. 디스크 캐싱을 사용하는 해결 방법은 URL 경로가 슬래시로 끝날 때 파일 이름에 index.html을 추가하는 것이다. URL 경로가 비어있는 경우에도 마찬가지다. URL을 파싱하려면 urlsplit 함수를 사용한다. urlsplit 함수는 URL을 각 구성 요소로 분리한다.

```
>>> from urllib.parse import urlsplit
>>> components = urlsplit('http://example.webscraping.com/places/default/view')
>>> print(components)
SplitResult(scheme='http', netloc='example.webscraping.com', path='/places/
default/view', query='', fragment='')
>>> print(components.path)
/places/default/view
```

urlsplit 함수는 URL을 파싱하고 다룰 수 있는 편리한 인터페이스를 제공한다. 다음은 urlsplit 모듈을 사용해 마지막에 슬래시가 추가된 URL에 index.html을 추가하는 예시다.

```
>>> path = components.path
>>> if not path.endswith('/'):
...     path += '/index.html'
... elif path.endswith('/'):
...     path += 'index.html'
>>> filename = components.netloc + path + components.query
>>> filename
'example.webscraping.com/places/default/view/index.html'
```

이전 예시처럼 스크래핑할 웹 사이트의 URL 마지막에 슬래시가 포함된다면 해당
URL을 수정할 수 있다. 예를 들어 일부 웹 사이트는 웹 서버가 URL을 전송할 것으로
예상해서 모든 URL에 슬래시를 추가한다. 해당 웹 사이트의 경우 모든 URL에 대해
슬래시를 제거하면 안전할 수 있다. 스크래핑할 웹 사이트에 가장 적합한 코드를 적
용할 수 있도록 웹 크롤러의 코드를 검토하고 업데이트한다.

DiskCache 구현

이전 섹션에서 디스크 기반 캐싱을 작성할 때 고려해야 할 파일시스템의 제한, 즉 사
용할 수 있는 문자의 제한, 파일 이름 길이, 파일과 디렉터리가 동일한 경로로 생성
되지 않도록 해야 하는 이슈를 다뤘다.

이전 코드를 로직과 결합해 URL을 파일 이름에 매핑해 디스크 캐싱의 주요 부분을
개발할 것이다. 다음은 DiskCache 클래스의 초기 구현 내용이다.

```
import os
import re
from urllib.parse import urlsplit

class DiskCache:
    def __init__(self, cache_dir='cache', max_len=255):
        self.cache_dir = cache_dir
```

```
        self.max_len = max_len

    def url_to_path(self, url):
        """ 주어진 URL에서 시스템 경로 문자열을 리턴한다"""
        components = urlsplit(url)
        # 빈 경로에 index.html을 추가한다.
        path = components.path
        if not path.endswith('/'):
            path += '/index.html'
        elif path.endswith('/'):
            path += 'index.html'
        filename = components.netloc + path + components.query
        # 허용되지 않는 문자를 대체한다.
        filename = re.sub('[^/0-9a-zA-Z\-.,;_ ]', '_', filename)
        # 문자의 최대 개수를 제한한다.
        filename = '/'.join(seg[:self.max_len] for seg in filename.split('/'))
        return os.path.join(self.cache_dir, filename)
```

이전 코드의 DiskCache 클래스 생성자는 캐싱 위치를 설정하는 매개 변수를 사용하고 url_to_path 메소드는 지금까지 설명한 파일 이름의 제한 사항을 적용한다. 이제 해당 파일 이름으로 데이터를 로드하고 저장하는 메소드가 필요하다.

다음은 누락된 메소드를 구현한 예다.

```
import json
class DiskCache:
    ...
    def __getitem__(self, url):
        """주어진 URL을 기반으로 디스크에서 데이터를 읽는다"""
        path = self.url_to_path(url)
        if os.path.exists(path):
            return json.load(path)
        else:
            # URL이 아직 캐싱되지 않았다.
```

```
            raise KeyError(url + ' does not exist')

    def __setitem__(self, url, result):
        """주어진 URL을 기반으로 디스크에 데이터를 저장한다"""
        path = self.url_to_path(url)
        folder = os.path.dirname(path)
        if not os.path.exists(folder):
            os.makedirs(folder)
        json.dump(result, path)
```

__setitem__( )에서 url_to_path( )를 사용해 URL을 안전한 파일 이름에 매핑한다.
만약 필요하다면 상위 디렉터리가 생성된다. json 모듈은 데이터를 직렬화한 후 디
스크에 저장하는 데 사용된다. 또한 __getitem__( )에서 URL은 안전한 파일 이름으
로 매핑된다. 파일 이름이 존재하면 json을 사용해 원래 데이터 타입으로 복원하기
위해 파일의 내용을 읽는다. 파일 이름이 없으면(즉, 캐싱에 URL 데이터가 없는 경
우) KeyError 예외가 발생한다.

캐싱 테스트하기

이제 cache 키워드 매개 변수에 전달해 그롤러로 DiskCache를 사용힐 준비가 됐
다. DiskCache 클래스의 소스 코드는 https://github.com/knight76/wswp/blob/
master/code/chp3/diskcache.py에서 확인할 수 있으며 캐싱은 모든 파이썬 인터
프리터에서 테스트할 수 있다.

 IPython에는 파이썬 작성과 해석할 수 있는 툴 세트. 특히 IPython 매직 커맨드(https://
ipython.org/ipython-doc/3/interactive/magics.html)를 이용한 파이썬 디버
깅 툴이 포함돼 있다. pip 또는 콘다(pip install ipython)를 사용해 IPython을 설치할
수 있다.

여기서는 IPython을 사용해 코드의 성능을 테스트할 수 있는 요청 시간을 지원한다.

```
In [1]: from chp3.diskcache import DiskCache

In [2]: from chp3.advanced_link_crawler import link_crawler

In [3]: %time link_crawler('http://example.webscraping.com/places/default', '.*/
(index|view)/.*', cache=DiskCache())
Downloading: http://example.webscraping.com/places/default
Downloading: http://example.webscraping.com/places/default/index/1
Downloading: http://example.webscraping.com/places/default/index/2
...
Downloading: http://example.webscraping.com/places/default/view/Afghanistan-1
CPU times: user 300 ms, sys: 16 ms, total: 316 ms
Wall time: 1min 44s
```

커맨드를 처음 실행하면 캐싱이 비어 있어 모든 웹 페이지가 정상적으로 다운로드된다. 그러나 스크립트를 다시 실행하면 캐싱에서 페이지를 읽어 IPython에 표시된 것처럼 더 빨리 크롤링을 진행할 것이다.

```
In [4]: %time link_crawler('http://example.webscraping.com/places/default', '.'*/
(index|view)/.*', cache=DiskCache())
Loaded from cache: http://example.webscraping.com/places/default
Loaded from cache: http://example.webscraping.com/places/default/index/1
Loaded from cache: http://example.webscraping.com/places/default/index/2
...
Loaded from cache: http://example.webscraping.com/places/default/view/
Afghanistan-1
CPU times: user 20 ms, sys: 0 ns, total: 20 ms
Wall time: 1.1 s
```

예상대로 크롤링이 훨씬 빨라졌다. 크롤러가 컴퓨터에서 비어있는 캐싱을 다운로드 할 때는 1분 이상 소요됐지만 전부 캐싱될 때는 1.1초밖에 걸리지 않았다(약 95배 빨라졌다).

컴퓨터의 정확한 시간은 하드웨어와 인터넷 연결 속도에 따라 다르다. 그러나 디스크 캐싱은 의심할 여지없이 HTTP를 통해 다운로드하는 것보다 무척 빠를 것이다.

디스크 공간 절약하기

캐싱에 필요한 디스크 공간을 최소화하기 위해 다운로드한 HTML 파일을 압축할 수 있다. 디스크에 저장하기 전에 pickle이 적용된 문자열을 zlib으로 압축한 후 저장하는 형태로 구현하는 것이 간단하다. 현재 구현은 사람이 읽을 수 있는 파일을 만들 수 있다는 장점이 있다. 캐싱 페이지를 보고 JSON 포맷의 딕셔너리를 볼 수 있다. 그리고 필요할 경우 해당 파일들을 재사용할 수 있고, 파이썬이 아닌 다른 언어로 개발된 코드에서 해당 파일을 다른 운영체제에서 읽을 수 있다.

압축하면 파이썬이 아닌 언어에서 압축 파일을 열더라도 읽을 수 없고 다운로드한 웹 페이지를 사용하기 위해 다운로드 파일을 읽을 때 인코딩 문제가 발생할 것이다. 압축을 켜거나 끌 수 있도록 파일 인코딩과 함께 생성자에 추가할 수 있다. 기본값은 UTF-8이다.

```
class DiskCache:
    def __init__(self, cache_dir='../data/cache', max_len=255, compress=True,
                 encoding='utf-8'):
        ...
        self.compress = compress
        self.encoding = encoding
```

그리고 __getitem__와 __setitem__ 메소드를 업데이트해야 한다.

```
# DiskCache 클래스의 __getitem__ 메소드
mode = ('rb' if self.compress else 'r')
with open(path, mode) as fp:
    if self.compress:
        data = zlib.decompress(fp.read()).decode(self.encoding)
        return json.loads(data)
    return json.load(fp)

# DiskCache 클래스의 __setitem__ 메소드
mode = ('wb' if self.compress else 'w')
with open(path, mode) as fp:
    if self.compress:
        data = bytes(json.dumps(result), self.encoding)
        fp.write(zlib.compress(data))
    else:
        json.dump(result, fp)
```

이전 예시를 사용해 각 웹 페이지를 압축하면 캐싱은 416KB에서 156KB로 줄어들고 컴퓨터에서 캐싱된 예시 웹 사이트를 크롤링하는 데 260ms가 걸린다.

운영체제와 파이썬 버전에 따라 대기 시간은 압축하지 않은 캐싱으로 인해 약간 더 길어질 수 있다(실제로는 더 짧다). 크롤러에 압축을 사용할지 여부는 제약 조건의 우선 순위(속도 대 메모리, 디버깅 용이성 등)를 기반으로 결정한다.

책의 코드 저장소(https://github.com/knight76/wswp/blob/master/code/chp3/diskcache.py)에서 업데이트된 디스크 캐싱 코드를 볼 수 있다.

오래된 캐싱 데이터 만료하기

디스크 캐시의 현재 버전은 키 값을 디스크에 저장한 후 나중에 이 키를 요청할 때마다 값을 리턴한다. 해당 기능은 웹 페이지의 콘텐츠가 변경되면 캐싱의 데이터가 만료돼 적합하지 않을 수 있다. 이 섹션에서는 캐싱된 데이터에 만료 시간을 추가해 크롤러가 언제 웹 페이지의 새로운 복사본을 다운로드해야 하는지를 알 수 있다. 각 웹 페이지가 캐싱될 때 해당 시간의 타임 스탬프를 저장하는 것은 간단하다.

다음은 이를 구현한 예다.

```python
from datetime import datetime, timedelta

class DiskCache:
    def __init__(..., expires=timedelta(days=30)):
        ...
        self.expires = expires

## DiskCache 클래스의 __getitem__ 메소드
with open(path, mode) as fp:
    if self.compress:
        data = zlib.decompress(fp.read()).decode(self.encoding)
        data = json.loads(data)
    else:
        data = json.load(fp)
    exp_date = data.get('expires')
    if exp_date and datetime.strptime(exp_date,
                            '%Y-%m-%dT%H:%M:%S') <= datetime.utcnow():
        print('Cache expired!', exp_date)
        raise KeyError(url + ' has expired.')
    return data

## DiskCache 클래스의 __setitem__ 메소드
result['expires'] = (datetime.utcnow() + self.expires).
isoformat(timespec='seconds')
```

생성자에서 기본 만료 시간(timedelta 객체)을 30일로 설정한다. 그리고 __set__ 메소드는 만료 타임 스탬프를 키로 result 딕셔너리에 저장하고 __get__ 메소드는 현재 UTC 시간을 만료 시간과 비교한다. 해당 키 만료 작업를 테스트하려면 다음과 같이 5초의 짧은 타임 아웃을 설정한다.

```
>>> cache = DiskCache(expires=timedelta(seconds=5))
>>> url = 'http://example.webscraping.com'
>>> result = {'html': '...'}
>>> cache[url] = result
>>> cache[url]
{'html': '...'}
>>> import time; time.sleep(5)
>>> cache[url]
Traceback (most recent call last):
...
KeyError: 'http://example.webscraping.com has expired'
```

예상대로 캐싱 결과를 처음부터 사용할 수 있다. 그 후에는 5초 동안 대기한 후 같은
키를 호출하면 KeyError가 발생해 캐싱한 다운로드가 만료됐음을 보여준다.

DiskCache의 단점

디스크 기반 캐싱 시스템은 상대적으로 구현하기 쉽고, 설치한 추가 모듈에 의존적
이지 않으며 결과를 파일 관리자에서 볼 수 있다. 그러나 로컬 파일시스템의 한계에
따르는 단점이 있다. 3장의 앞부분에서 URL을 안전한 파일 이름으로 매핑하는 데 여
러 제한을 적용했지만 불행히도 일부 URL은 동일한 파일 이름으로 매핑될 수 있다
는 점이다. 예를 들어 다음 URL에서 지원되지 않는 문자를 바꾸면 모두 동일한 파일
이름으로 매핑된다.

- http://example.com/?a+b
- http://example.com/?a*b
- http://example.com/?a=b
- http://example.com/?a!b

즉 이 URL 중 하나가 캐싱될 때 동일한 파일 이름으로 매핑되기에 다른 세 URL도

캐싱된 것처럼 보인다. 또한 서로 다른 255자가 넘는 긴 URL들의 단축 버전은 동일한 파일 이름으로 매핑된다. 따라서 URL의 최대 길이에 대해 제한을 두지 않았기에 매우 중요한 문제다. 그러나 실제로는 2,000자 이상의 URL은 드물다. 익스플로러 Internet Explorer의 예전 버전은 2,083자의 URL을 지원하지 않았다.

URL 길이 제한을 피하기 위한 잠재적인 솔루션 중 하나는 URL의 해시(hash)를 얻은 후 해당 해시를 파일 이름으로 사용하는 것이다. 그러면 개선이 되긴 하겠지만 결국 많은 파일시스템이 가지고 있는 더 큰 문제, 즉 볼륨과 디렉터리당 허용되는 파일 수 제한을 만나게 될 것이다. 해당 캐싱이 FAT32 파일시스템에서 사용되는 경우 디렉터리당 허용되는 최대 파일 수는 65,535에 불과하다. 이 제한은 여러 디렉터리에 캐싱을 분할해 피할 수 있다. 그러나 파일시스템은 총 파일 수를 제한할 수도 있다. 현재 ext4 파티션은 3천백 개가 넘는 수준의 파일 수를 지원하지만 대규모 웹 사이트는 1억 개가 넘는 웹 페이지를 보유할 수 있다.

불행히 DiskCache 접근 방법은 일반적인 용도로 사용하기에는 너무 많은 한계가 있다. 대신 여러 캐싱된 웹 페이지를 단일 파일로 결합해 B+ 트리 또는 B+ 트리와 유사한 데이터 구조로 인덱싱해야 한다. 다음 섹션에서는 자체적인 구현 대신 기존 키-값 저장소를 사용한다.

▌ 키-값 저장소 캐싱

디스크 기반 캐싱의 제한 사항을 피하기 위해 기존의 키-값 스토리지 시스템 위에 캐싱을 구축할 것이다. 크롤링할 때 대량의 데이터를 캐싱해야 하고 복잡한 조인이 필요하지 않아 기존의 관계형 데이터베이스 또는 대부분의 NoSQL 데이터베이스보다 확장성이 뛰어난 고가용성 키-값 저장소를 사용한다. 예시에서는 캐싱 저장소로 매우 인기있는 키-값 저장소인 레디스Redis를 사용한다.

키-값 저장소란

키-값 저장소^{Key-value Storage}는 파이썬 딕셔너리과 매우 흡사하다. 저장소의 각 엘리먼트에는 키와 값이 있다. DiskCache를 설계할 때 키-값 모델은 문제를 잘 해결한다. 레디스는 실제로 REmote DIctionary Server의 약자다. 레디스는 2009년에 처음 출시됐고 API는 다양한 언어(파이썬 포함)로 개발된 클라이언트를 지원한다. 멤캐시^{Memcache}처럼 값이 구조화된 데이터 타입이 여러 개 있기 때문에 간단한 키-값 저장소와 구별된다. 레디스는 클러스터를 통해 쉽게 확장할 수 있고 트위터와 같은 대기업에서 레디스를 대용량 캐싱 스토리지로 사용하고 있다(약 65TB의 힙 메모리를 할당해 사용 중인 트위터 BTree(highscalability.com/blog/2014/9/8/how-twitter-uses-redis-to-scale-105tb-ram-39mm-qps-10000-ins.html)).

스크래핑과 크롤링 요구에 따라 각 문서에 대한 추가 정보가 필요하거나 문서의 데이터를 기반으로 검색할 수 있어야 있다. 이런 경우에는 일래스틱서치^{ElasticSearch} 또는 몽고DB^{MongoDB}와 같은 문서 기반 데이터베이스를 사용하는 것이 좋다. 키-값 저장소와 문서 기반 데이터베이스는 스키마가 있는 기존의 SQL 데이터베이스(예, PostgreSQL, MySQL)보다 비관계형 데이터를 확장하고 신속하게 쿼리할 수 있다.

레디스 설치

레디스 문서(https://redis.io/topics/quickstart)를 기반으로 레디스 최신 소스를 컴파일해 설치할 수 있다. 윈도우를 사용하는 경우 MSOpenTech의 프로젝트(https://github.com/MSOpenTech/redis)를 사용하거나 VirtualMachine(Vagrant 사용) 또는 도커 인스턴스를 통해 레디스를 설치할 수 있다. 파이썬 클라이언트는 다음 커맨드를 사용해 별도로 설치할 수 있다.

```
pip install redis
```

설치가 제대로 동작하는지 테스트하려면 다음 커맨드를 사용해 레디스를 로컬(또는 가상머신 또는 컨테이너)에서 시작한다.

```
$ redis-server
```

이제 버전 번호와 레디스 기호를 포함하는 텍스트를 볼 것이다. 로그의 끝이 다음과 같은 메시지가 표시된다.

```
1212:M 18 Feb 20:24:44.590 * The server is now ready to accept connections on port 6379
```

대부분의 경우 레디스 서버는 기본 포트(6379)를 사용한다. 파이썬 클라이언트를 테스트하고 레디스에 연결하려면 파이썬 인터프리터(다음 코드에서 필자는 IPython을 사용하고 있다)를 다음과 같이 사용할 수 있다.

```
In [1]: import redis

In [2]: r = redis.StrictRedis(host='localhost', port=6379, db=0)

In [3]: r.set('test', 'answer')
Out[3]: True

In [4]: r.get('test')
Out[4]: b'answer'
```

이전 코드를 살펴보면 레디스 서버에 쉽게 연결한 후 'test' 키와 'answer' 키를 사용해 레코드를 설정할 수 있다. get 커맨드를 사용해 해당 레코드를 쉽게 검색할 수 있다.

레디스를 백그라운드 프로세스로 실행하는 설정 방법을 보려면 공식 레디스 문서(https://redis.io/topics/quickstart)를 사용하거나 특정 운영체제 또는 선호하는 검색엔진을 사용해 설치에 대한 지침을 찾아보길 바란다.

레디스 소개

다음은 레디스에서 예시 웹 사이트 데이터를 저장하고 읽는 예시다.

```
In [5]: url = 'http://example.webscraping.com/places/default/view/United-
Kingdom-239'

In [6]: html = '...'

In [7]: results = {'html': html, 'code': 200}

In [8]: r.set(url, results)
Out[8]: True

In [9]: r.get(url)
Out[9]: b"{'html': '...', 'code': 200}"
```

딕셔너리 또는 문자열을 레디스 저장소에 저장했더라도 get 커맨드를 통해 bytes로 다시 읽을 수 있다. json 모듈을 사용함으로써 DiskCache 클래스와 동일한 방법으로 직렬화를 관리할 수 있다.

URL 콘텐츠를 업데이트해야 한다면 어떻게 해야 할까?

```
In [10]: r.set(url, {'html': 'new html!', 'code': 200})
Out[10]: True

In [11]: r.get(url)
```

```
Out[11]: b"{'html': 'new html!', 'code': 200}"
```

이전 결과를 보면 레디스의 set 커맨드는 이전 값을 덮어 쓰게 되기 때문에 웹 크롤러와 같은 간단한 저장 공간에 적합하다. 필요하면 각 URL마다 하나의 콘텐츠 집합만 필요하기에 키-값 저장소에 잘 매핑된다.

자장소에 무엇이 있는지 살펴보고 원하지 않는 콘텐츠를 삭제하자.

```
In [12]: r.keys()
Out[12]: [b'test', b'http://example.webscraping.com/places/default/view/United-Kingdom-239']

In [13]: r.delete('test')
Out[13]: 1

In [14]: r.keys()
Out[14]: [b'http://example.webscraping.com/places/default/view/United-Kingdom-239']
```

keys 메소드는 사용 가능한 모든 키 목록을 리턴하며 delete 메소드는 하나 이상의 키를 리턴하고 저장소에서 삭제한다. 또한 모든 키를 삭제할 수 있다.

```
In [15]: r.flushdb()
Out[15]: True

In [16]: r.keys()
Out[16]: []
```

레디스에 더 많은 커맨드와 활용법이 있으니 설명서를 자세히 읽기 바란다. 지금은 웹 크롤러를 위한 레디스 백엔드를 사용해 캐싱을 생성하는 데 필요한 모든 것이 필요하다.

파이썬 레디스 클라이언트(https://github.com/andymccurdy/redis-py)는 레디스를 사용한 파이썬 모듈(예. PubSub 파이프 라인이나 대규모 커넥션 풀)로서 훌륭한 문서와 사용 사례를 제공한다. 공식 레디스 문서(https://redis.io/documentation)에 튜토리얼, 서적, 참고, 사용 사례 등 많은 정보가 있다. 레디스의 확장, 보안, 배포 방법에 대해 자세히 알고 싶다면 공식 레디스 문서에서 시작하는 것이 좋다. 클라우드 또는 서버에서 레디스를 사용한다면 레디스 인스턴스(https://redis.io/topics/security)의 보안을 제공하는 것을 잊지 않길 바란다.

레디스 캐싱 구현

이제 이전 DiskCache 클래스와 동일한 클래스 인터페이스를 사용해 레디스에서 캐싱을 개발할 준비가 됐다.

```
import json
from datetime import timedelta
from redis import StrictRedis


class RedisCache:
    def __init__(self, client=None, expires=timedelta(days=30), encoding='utf-8'):
        # client 객체가 전달되지 않으면 기본 로컬 호스트 포트에서 레디스에 연결을 시도한다.
        self.client = StrictRedis(host='localhost', port=6379, db=0)
            if client is None else client
        self.expires = expires
        self.encoding = encoding

    def __getitem__(self, url):
        """주어진 URL를 기반으로 디스크에서 데이터를 읽는다"""
        record = self.client.get(url)
        if record:
            return json.loads(record.decode(self.encoding))
        else:
            raise KeyError(url + ' does not exist')
```

```python
def __setitem__(self, url, result):
    """주어진 URL를 기반으로 디스크에 데이터를 저장한다"""
    data = bytes(json.dumps(result), self.encoding)
    self.client.setex(url, self.expires, data)
```

이전 섹션을 살펴보면 __getitem__과 __setitem__ 메소드의 레디스에서 키를 읽고 저장하는 방법을 보면 json 모듈을 사용해 직렬화를 제어하고 만료 시간을 포함하는 키와 값을 설정하는 setex 메소드를 사용한 것만 제외하고 익숙한 코드다. setex는 datetime.timedelta 또는 초 값를 받는다. 만료 시간은 지정된 시간(초) 내 레코드를 자동으로 삭제할 수 있는 편리한 레디스 기능이다. 즉 DiskCache 클래스처럼 레코드가 만료 정보에 존재하는지 수동으로 확인하지 않아도 된다. IPython(또는 원하는 인터프리터)에서 timedelta를 20초로 사용해 테스트할 것이다. 그러면 캐싱이 만료됐음을 알 수 있다.

```python
In [1]: from chp3.rediscache import RedisCache

In [2]: from datetime import timedelta

In [3]: cache = RedisCache(expires=timedelta(seconds=20))

In [4]: cache['test'] = {'html': '...', 'code': 200}

In [5]: cache['test']
Out[5]: {'code': 200, 'html': '...'}

In [6]: import time; time.sleep(20)

In [7]: cache['test']
```

```
KeyError Traceback (most recent call last)
...
KeyError: 'test does not exist'
```

결과를 살펴보면 RedisCache가 JSON, 딕셔너리, 레디스 키-값 저장소를 직렬화/비직렬화하고 결과를 만료하는 등 의도된 대로 동작하고 있음을 알 수 있다.

압축

캐싱 기능을 원본 디스크 캐싱과 비교할 수 있도록 코드를 완료하려면 압축Compression 이라는 최종 기능을 추가해야 한다. 압축은 데이터를 직렬화하고 zlib로 다음과 같이 압축해 디스크 캐싱와 비슷한 방법으로 얻을 수 있다.

```python
import zlib
from bson.binary import Binary

class RedisCache:
    def __init__(..., compress=True):
        ...
        self.compress = compress

    def __getitem__(self, url):
        record = self.client.get(url)
        if record:
            if self.compress:
                record = zlib.decompress(record)
            return json.loads(record.decode(self.encoding))
        else:
            raise KeyError(url + ' does not exist')

    def __setitem__(self, url, result):
        data = bytes(json.dumps(result), self.encoding)
        if self.compress:
            data = zlib.compress(data)
        self.client.setex(url, self.expires, data)
```

캐싱 테스트

RedisCache 클래스의 소스 코드는 https://github.com/knight76/wswp/blob/master/code/chp3/rediscache.py에서 사용할 수 있으며 DiskCache와 마찬가지로 파이썬 인터프리터에서 모든 페이지에서 링크 크롤러를 사용해 캐싱을 테스트할 수 있다. 예시에서는 IPython을 사용해 %time 커맨드를 사용한다.

```
In [1]: from chp3.advanced_link_crawler import link_crawler

In [2]: from chp3.rediscache import RedisCache

In [3]: %time link_crawler('http://example.webscraping.com/places/default', '.*/
(index|view)/.*', cache=RedisCache())
Downloading: http://example.webscraping.com/places/default
Downloading: http://example.webscraping.com/places/default/index/1
Downloading: http://example.webscraping.com/places/default/index/2
...
Downloading: http://example.webscraping.com/places/default/view/Afghanistan-1
CPU times: user 352 ms, sys: 32 ms, total: 384 ms
Wall time: 1min 42s

In [4]: %time link_crawler('http://example.webscraping.com/places/default', '.*/
(index|view)/.*', cache=RedisCache())
Loaded from cache: http://example.webscraping.com/places/default
Loaded from cache: http://example.webscraping.com/places/default/index/1
Loaded from cache: http://example.webscraping.com/places/default/index/2
...
Loaded from cache: http://example.webscraping.com/places/default/view/
Afghanistan-1
CPU times: user 24 ms, sys: 8 ms, total: 32 ms
Wall time: 282 ms
```

예시에서 첫 번째를 실행하는 데 소요된 시간은 DiskCache와 거의 같다. 그러나 레디스의 속도는 캐싱 데이터를 읽은 후 압축되지 않은 디스크 캐싱 시스템보다 3배 이상 빠르다. 향상된 캐싱 코드의 가독성과 레디스 클러스터를 고가용성의 대용량 데이터 솔루션으로 확장성은 금상첨화다.

requests-cache 탐색

경우에 따라 내부적으로 requests를 사용하는 라이브러리를 캐싱하거나 캐싱 클래스를 관리하고 직접 처리하고 싶지 않을 때가 있다. 이 경우 requests-cache (https://github.com/reclosedev/requests-cache)는 requests 라이브러리를 사용해 캐싱을 생성하며 일부 백엔드 옵션을 구현하는 훌륭한 라이브러리다. requests-cache를 사용할 때 requests 라이브러리를 통해 URL에 접근하는 모든 get 요청은 먼저 캐싱을 확인하고 캐싱이 없는 경우에만 페이지를 요청한다.

requests-cache는 레디스, 몽고DB(NoSQL 데이터베이스), SQLite(경량 관계형 데이터베이스), 메모리(영구적이지 않아서 권장하지 않는다)를 비롯한 여러 백엔드를 지원한다. 이미 레디스를 설치했으므로 백엔드로 사용할 수 있다. 시작하려면 먼저 requests-cache 라이브러리를 설치해야 한다.

```
pip install requests-cache
```

이제 IPython의 간단한 커맨드를 사용해 캐싱을 설치하고 테스트할 수 있다.

```
In [1]: import requests_cache

In [2]: import requests

In [3]: requests_cache.install_cache(backend='redis')

In [4]: requests_cache.clear()
```

```
In [5]: url = 'http://example.webscraping.com/places/default/view/239'

In [6]: resp = requests.get(url)

In [7]: resp.from_cache
Out[7]: False

In [8]: resp = requests.get(url)

In [9]: resp.from_cache
Out[9]: True
```

자체 캐싱 클래스 대신 requests_cache를 사용하려면 install_cache 커맨드를 사용해 캐싱을 인스턴스로 생성하면 모든 요청(requests 라이브러리를 사용하는 경우)은 레디스 백엔드에서 관리된다. 간단한 커맨드를 사용해 만료를 설정할 수도 있다.

```
from datetime import timedelta
requests_cache.install_cache(backend='redis', expire_after=timedelta(days=30))
```

자체 구현과 비교해 requests-cache 사용 속도를 테스트하기 위해 시용할 새로운 다운로더와 링크 크롤러를 구축했다. 해당 다운로더는 requests 캐싱 사용자 가이드 문서(https://requests-cache.readthedocs.io/en/latest/user_guide.html)에서 설명된 대로 쓰로틀링을 허용하는 제안된 requests 훅^{Hook}을 구현했다.

전체 코드를 보려면 새로운 다운로더(https://github.com/knight76/wswp/blob/master/code/chp3/downloader_requests_cache.py)와 링크 크롤러(https://github.com/knight76/wswp/blob/master/code/chp3/requests_cache_link_crawler.py)를 확인한다. 성능을 비교하기 위해 IPython을 사용해 테스트할 수 있다.

```
In [1]: from chp3.requests_cache_link_crawler import link_crawler
...
In [2]: %time link_crawler('http://example.webscraping.com/places/default', '.*/
(index|view)/.*')
Returning from cache: http://example.webscraping.com/places/default
Returning from cache: http://example.webscraping.com/places/default/view/1
Returning from cache: http://example.webscraping.com/places/default/view/2
...
Returning from cache: http://example.webscraping.com/places/default/view/
Afghanistan-1
CPU times: user 116 ms, sys: 12 ms, total: 128 ms
Wall time: 359 ms
```

requests-cache 구현이 레디스 구현보다 성능이 약간 떨어지지만 코드의 라인 수는
줄었고 여전히 빠르다(여전히 DiskCache 솔루션보다 훨씬 빠르다). 특히 requests를
내부적으로 관리할 수 있는 다른 라이브러리를 사용한다면 request-cache 구현은
훌륭한 툴이다.

▌ 정리

3장에서 다운로드한 웹 페이지를 캐싱하면 시간을 줄이고 웹 사이트를 다시 크롤링
할 때 대역폭을 최소화한다는 것을 알 수 있었다. 그러나 페이지 캐싱은 디스크 공간
을 차지하며 일부는 압축을 통해 디스크 공간을 덜 차지할 수 있다. 또한 레디스와
같은 기존 스토리지 시스템을 기반으로 구축하면 속도, 메모리, 파일시스템 제한을
피하는 데 유용할 수 있다.

4장에서는 더 많은 기능을 크롤러에 추가해 웹 페이지를 병렬로 다운로드하고 웹을
더 빨리 크롤링할 수 있는 방법을 살펴볼 것이다.

04

병렬 다운로드

앞의 여러 장에서 크롤러가 웹 페이지를 순차적으로 다운로드했다. 웹 페이지 다운로드가 완료될 때까지 대기한 후에 다음 다운로드를 시작했다. 순차 다운로드는 상대적으로 작은 예시 웹 사이트에서는 잘 동작하지만 좀 더 큰 웹 사이트에서의 크롤링은 실용적이지 않다. 특정 웹 페이지에서 초당 평균 100만 웹 페이지의 대형 웹 사이트를 크롤링하려면 순차 다운로드는 11일 이상 소요된다. 소요되는 시간은 여러 웹 페이지를 동시에 다운로드해 크게 향상시킬 수 있다.

4장에서는 멀티 스레드와 프로세스를 사용한 웹 페이지를 다운로드하는 방법을 소개하고 순차 다운로드와의 성능을 비교할 것이다.

4장에서 알아볼 내용은 다음과 같다.

- 100만 웹 페이지

- 순차 크롤러
- 스레드 크롤러
- 멀티 프로세싱 크롤러

▎ 100만 웹 페이지

병렬 다운로드의 성능을 테스트하려면 페이지가 많은 웹 사이트로 테스트하는 것이 좋다. 이런 이유로 알렉사 툴바^{Alexa Toolbar}를 설치한 사용자 정보를 기반으로 가장 인기있는 웹 사이트 중 백만 개를 추적하는 알렉사 목록을 사용한다. 소수의 사람만 브라우저 플러그인을 사용하기 때문에 데이터를 신뢰할 수 없지만 테스트 목적에는 아무 이상이 없으며 크롤링할 수 있는 큰 목록을 제공한다.

알렉사 웹 사이트(http://www.alexa.com/topsites)에서 상위 100만 개 웹 페이지를 탐색할 수 있다. 또한 해당 목록의 압축 스프레드 시트는 http://s3.amazonaws.com/alexa-static/top-1m.csv.zip에서 구할 수 있어서 알렉사 웹 사이트를 스크래핑할 필요가 없다.

알렉사 목록 파싱

알렉사 목록은 랭크와 도메인으로 제공되는 스프레드 시트다.

	A	B
1	1	google.com
2	2	youtube.com
3	3	facebook.com
4	4	baidu.com
5	5	wikipedia.org
6	6	reddit.com
7	7	yahoo.com
8	8	vk.com
9	9	google.co.in
10	10	instagram.com

데이터를 추출하려면 다음과 같이 여러 단계가 필요하다.

1. .zip 파일을 다운로드한다.
2. .zip 파일의 압축을 풀어 CSV 파일을 추출한다.
3. CSV 파일을 파싱한다.
4. CSV 파일의 각 로우를 반복해 도메인을 추출한다.

이전 흐름을 구현하면 다음과 같다.

```python
import csv
from zipfile import ZipFile
from io import BytesIO, TextIOWrapper
import requests

resp = requests.get('http://s3.amazonaws.com/alexa-static/top-1m.csv.zip',
stream=True)
urls = []  # 목록에 저장된 상위 100만 개의 URL
with ZipFile(BytesIO(resp.content)) as zf:
    csv_filename = zf.namelist()[0]
    with zf.open(csv_filename) as csv_file:
        for _, website in csv.reader(TextIOWrapper(csv_file)):
            urls.append('http://' + website)
```

다운로드한 압축 데이터가 BytesIO 클래스로 래핑된 후 ZipFile로 전달됐음을 알수 있다. 이는 ZipFile이 원시 바이트 객체가 아닌 파일과 같은 인터페이스를 기대하기 때문이다. 또한 stream=True를 사용해 요청 속도를 높인다. 다음으로 파일 이름 목록에서 CSV 파일 이름을 추출한다. zip 파일에는 하나의 파일만 포함하고 있어서 첫 번째 파일 이름이 선택된다. 그 다음 인코딩과 읽기 이슈를 처리할 수 있는 TextIOWrapper를 사용해 CSV 파일을 읽는다. 그리고 파일을 순회하면서 두 번째 컬럼의 도메인이 URL 목록에 주가된다. 각 도메인 앞에 http:// 프로토콜을 추가에 도메인을 유효하게 한나.

이전에 개발한 크롤러에 알렉사 목록 파싱 함수를 재사용하려면 쉽게 호출할 수 있는 클래스로 변경해야 한다.

```python
class AlexaCallback:
    def __init__(self, max_urls=500):
        self.max_urls = max_urls
        self.seed_url = 'http://s3.amazonaws.com/alexa-static/top-1m.csv.zip'
        self.urls = []

    def __call__(self):
        resp = requests.get(self.seed_url, stream=True)
        with ZipFile(BytesIO(resp.content)) as zf:
            csv_filename = zf.namelist()[0]
            with zf.open(csv_filename) as csv_file:
                for _, website in csv.reader(TextIOWrapper(csv_file)):
                    self.urls.append('http://' + website)
                    if len(self.urls) == self.max_urls:
                        break
```

AlexaCallback 클래스에 알렉사 파일에서 추출하기 위해 URL 개수를 설정하는 max_urls라는 새로운 입력 매개 변수를 추가했다. 기본적으로 max_urls는 100만 웹 페이지를 다운로드하는 데 장시간이 걸리기 때문에 500개의 URL로 설정된다(4장 초반부에서 소개한대로 순차적으로 다운로드하면 11일 이상 걸린다).

▌ 순차적인 크롤러

이전에 개발한 링크 크롤러의 약간 수정된 버전에 AlexaCallback을 사용해 상위 500개의 알렉사 URL을 순차적으로 다운로드할 수 있다. 링크 크롤러를 변경하려면 시작 URL 또는 시작 URL 리스트가 필요하다.

```
# link_crawler 함수 내에서

if isinstance(start_url, list):
    crawl_queue = start_url
else:
    crawl_queue = [start_url]
```

또한 각 웹 사이트의 robots.txt를 처리하는 방법을 변경해야 한다. 간단한 딕셔너리를 사용해 도메인당 파서를 저장한다(https://github.com/knight76/wswp/blob/master/code/chp4/advanced_link_crawler.py#L53-L70을 참조한다). 보게 되는 모든 URL이 상대적이지 않다. 또한 일부 URL은 mailto: 또는 javascript: 이벤트 커맨드가 포함된 이메일 주소처럼 접근할 수 있는 URL이 아니라는 사실을 알고 있어야 한다.

또한 robots.txt 파일이 없거나 기타 잘못된 URL 사이트에 대한 에러 처리 코드를 추가해야 하고 robots.txt 파일이 없더라도 선의로 크롤링을 계속할 수 있다. 마지막으로 socket.setdefaulttimeout(60)을 추가해 robotparser의 타임 아웃과 3장, '다운로드 캐싱'의 Downloader 클래스에 timeout 매개 변수를 추가했다.

해당 사례를 처리하는 주요 코드는 https://github.com/knight76/wswp/blob/master/code/chp4/advanced_link_crawler.py에서 확인할 수 있다. 이제 새 크롤러에서 AlexaCallback을 직접 사용할 수 있으며 다음과 같이 커맨드라인에서 실행할 수 있다.

```
python chp4/advanced_link_crawler.py
...
Total time: 1349.7983705997467s
```

advanced_link_crawler.py 파일의 __main__ 섹션에서 실행되는 코드를 살펴보면

각 페이지에서 링크를 수집하지 않도록 패턴에 '$^'을 사용한다. 또한 모든 것을 일치하는 정규식 '.'을 사용해 모든 페이지의 모든 링크를 크롤링할 수 있다(경고: 이 방식을 사용하면 아마도 며칠이 걸릴 것이다).

첫 번째 페이지만 크롤링하는 시간은 순차 다운로드에서 예상되고 URL당 평균 2.7초 정도 미만일 것이다(robots.txt 파일을 테스트하는 시간까지 포함한다). 인터넷 사업자망 속도를 기반으로 달라지며 클라우드 서버에서 스크립트를 실행하면 훨씬 빠른 결과를 볼 수 있다.

▌ 스레드 크롤러

이제 순차 크롤러를 확장해 웹 페이지를 병렬로 다운로드한다. 잘못 사용하면 스레드 크롤러가 너무 빨리 콘텐츠를 요청해 웹 서버에 과부하를 일으키거나 크롤러의 IP 주소가 차단될 수 있다.

이를 방지하려면 스레드 크롤러는 동일한 도메인 요청 간의 최소 간격(초)을 설정하는 delay 플래그가 있어야 한다.

4상에서 사용된 알렉사 목록 예시에서는 100만 개의 별도 도메인을 다루지만 세세한 이슈는 여기에서 다루지 않는다. 그러나 향후 동일한 도메인에서 많은 웹 페이지를 크롤링할 때 다운로드 요청 간에 최소 1초의 지연 시간을 고려해야 한다.

▌ 스레드와 프로세스의 동작 방법

다음은 여러 실행 스레드를 포함하는 단일 프로세스의 다이어그램이다.

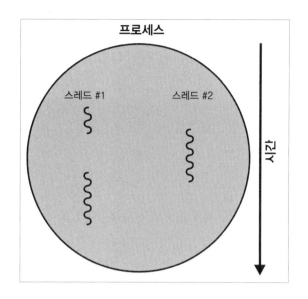

파이썬 스크립트 또는 다른 컴퓨터 프로그램이 실행될 때 코드, 상태, 스택을 포함하는 프로세스가 생성된다. 해당 프로세스는 컴퓨터의 CPU 코어에서 실행된다. 그러나 각 코어는 한 번에 하나의 스레드만 실행할 수 있고 여러 프로그램이 동시에 실행되고 있는 것처럼 보여주기 위해 빨리 스위칭^{Switching}된다. 비슷하게 한 프로세스에서는 프로그램 실행은 여러 스레드 간에 스위칭될 수 있고 각 스레드는 프로그램의 여러 부분을 실행한다.

따라서 한 스레드는 웹 페이지를 다운로드하기를 기다리고 있을 때 프로세스가 CPU 사이클을 낭비하지 않도록 다른 스레드를 스위칭하고 실행할 수 있음을 의미한다. 따라서 컴퓨터의 모든 컴퓨팅 자원을 사용해 다운로드를 최대한 빨리 수행하려면 다운로드를 여러 스레드와 프로세스에 분산시켜야 한다.

멀티 스레드 크롤러 구현

다행히 파이썬의 threading 모듈을 사용하면 비교적 간단하게 스레드를 사용할 수 있다. 즉 1장, '웹 스크래핑 소개'에서 개발한 링크 크롤러와 비슷한 큐 구조를 유지할 수 있지만 여러 스레드에서 크롤링 루프를 시작해 해당 링크를 병렬로 다운로드할 수 있다. 다음은 crawl 루프를 포함한 링크 크롤러의 시작 부분을 함수로 수정한 것이다.

```python
import time
import threading
...
SLEEP_TIME = 1

def threaded_crawler(..., max_threads=10, scraper_callback=None):
    ...

    def process_queue():
        while crawl_queue:
            ...
```

다음은 스레드에서 process_queue를 시작하고 스레드가 완료될 때까지 대기하는 threaded_crawler 함수의 나머지 부분이다.

```python
threads = []
    while threads or crawl_queue:
        # 크롤링 스레드는 계속 동작한다.
        for thread in threads:
            if not thread.is_alive():
                # 중지된 스레드는 삭제한다.
                threads.remove(thread)
        while len(threads) < max_threads and crawl_queue:
            # 더 많은 스레드를 시작할 수 있다.
            thread = threading.Thread(target=process_queue)
            # ctrl+c 키가 전달되면 주요 스레드가 종료될 수 있도록 데몬으로 설정한다.
            thread.setDaemon(True)
            thread.start()
            threads.append(thread)
            # 모든 프로세스가 처리된다.
```

```
    # CPU가 다른 일을 할 수 있도록 잠깐 대기한다.
for thread in threads:
    thread.join()
time.sleep(SLEEP_TIME))
```

이전 코드의 루프는 크롤링할 URL에 접근하는 스레드가 최대 개수에 이를 때까지 계속 스레드를 생성한다. 또한 크롤링하는 동안 큐에 현재 더 이상 URL이 없으면 스레드는 중간에 종료될 수 있다. 예를 들어 다운로드할 스레드가 두 개이고 URL이 두 개인 경우를 생각해 보자. 첫 번째 스레드가 다운로드를 완료하면 크롤링 큐가 비어 있기 때문에 해당 스레드는 종료된다.

그러나 두 번째 스레드는 다운로드를 완료하고 다운로드할 추가 URL을 발견할 수 있다. 스레드 루프에 다운로드할 URL이 더 남아 있고 최대 스레드 개수에 이르지 않으면 새로운 다운로드 스레드를 생성한다.

또한 해당 스레드 크롤러에 파싱을 추가할 수 있다. 이럴 때는 리턴된 HTML을 사용해 함수 콜백에 대한 섹션을 추가할 수 있다. 해당 로직 또는 URL을 추출해 더 많은 링크를 얻길 원하기 때문에 for 루프에서 링크를 파싱해 확장해야 한다.

```
html = D(url, num_retries=num_retries)
if not html:
    continue
if scraper_callback:
    links = scraper_callback(url, html) or []
else:
    links = []
# 정규식에 일치하는 링크를 찾는다.
for link in get_links(html) + links:
    ...
```

완전한 변경 코드는 https://github.com/knight76/wswp/blob/master/

code/chp4/threaded_crawler.py에서 볼 수 있다. 정확한 테스트를 진행하려면 RedisCache를 플러시하거나 기본 데이터베이스 대신 다른 데이터베이스를 사용해야 한다. redis-cli를 설치했다면 커맨드라인에서 쉽게 실행할 수 있다.

```
$ redis-cli
127.0.0.1:6379> FLUSHALL
OK
127.0.0.1:6379>
```

크롤러를 종료하려면 일반 프로그램 종료(보통 **Ctrl + C** 또는 **cmd + C**)를 사용한다. 이제 다음 커맨드를 사용해 멀티 스레드 버전의 링크 크롤러 성능을 테스트해 보자.

```
$ python code/chp4/threaded_crawler.py
...
Total time: 361.50403571128845s
```

크롤러의 __main__ 섹션을 살펴보면 max_threads와 url_pattern이 포함된 스크립트에 매개 변수를 쉽게 전달할 수 있음을 알 수 있다. 이전 예시에서 max_threads의 기본값은 5, url_pattern의 기본값은 '$^'였다.

5개의 스레드가 있기 때문에 다운로드 속도가 거의 4배 빨라졌다. 다시 말하지만 ISP에 따라 달라질 수 있고 서버에서 스크립트를 실행하면 결과가 달라질 수 있다. 스레드 성능에 대한 자세한 분석은 성능 섹션에서 다룬다.

멀티 프로세싱 크롤러

스레드 예시의 성능을 향상시키기 위해 멀티 프로세싱 지원으로 확장할 수 있다. 현재 크롤링 큐는 로컬 메모리에 보관되므로 다른 프로세스가 동일한 크롤링에 기여할 수 없다. 이 문제를 해결하기 위해 크롤링 큐가 레디스로 전송된다. 큐를 독립적으로

저장한다는 것은 별도의 서버에 있는 크롤러조차도 동일한 크롤링으로서 공동 작업을
수행할 수 있음을 의미한다.

큐를 더 강력하게 사용하려면 Celery와 같은 전용 분산 태스크 툴을 고려할 필요가
있다. 그러나 예시에서는 도입된 기술과 의존성의 수를 최소화하기 위해 레디스를
재사용할 것이다. 새로운 레디스 기반 큐의 구현은 다음과 같다.

```python
# 레디스 쿡북의 FIFO 큐를 기반으로 간단히 개발된 코드다.
# http://www.rediscookbook.org/implement_a_fifo_queue.html
from redis import StrictRedis

class RedisQueue:
    """ RedisQueue는 크롤링한 URL을 레디스에 저장하는 클래스다
        초기화 컴포넌트
        client: 웹 크롤링 캐시에 사용될 키-값 데이터베이스에 연결된 레디스 클라이언트
                        (기본값은 localhost:6379이고 기본 커넥션이 사용된다)
        db (int): 사용될 레디스 데이터베이스 번호
        queue_name (str): 큐 이름(기본값은 wswp이다)
    """

    def __init__(self, client=None, db=0, queue_name='wswp'):
        self.client = (StrictRedis(host='localhost', port=6379, db=db)
                        if client is None else client)
        self.name = "queue:%s" % queue_name
        self.seen_set = "seen:%s" % queue_name
        self.depth = "depth:%s" % queue_name

    def __len__(self):
        return self.client.llen(self.name)

    def push(self, element):
        """엘리먼트를 큐의 마지막에 저장한다"""
        if isinstance(element, list):
            element = [e for e in element if not self.already_seen(e)]
            self.client.lpush(self.name, *element)
```

```
            self.client.sadd(self.seen_set, *element)
        elif not self.client.already_seen(element):
            self.client.lpush(self.name, element)
            self.client.sadd(self.seen_set, element)

    def pop(self):
        """큐의 처음에서 엘리먼트를 꺼낸다"""
        return self.client.rpop(self.name)

    def already_seen(self, element):
        """엘리먼트가 있는지 확인한다"""
        return self.client.sismember(self.seen_set, element)

    def set_depth(self, element, depth):
        """해시와 깊이를 설정한다"""
        self.client.hset(self.depth, element, depth)

    def get_depth(self, element):
        """해시와 깊이를 얻는다"""
        return self.client.hget(self.depth, element)
```

이전 RedisQueue 클래스를 살펴보면 여러 데이터 타입을 사용하고 있음을 알 것이다. 먼저 lpush와 rpop 커맨드를 통해 처리되는 레디스 리스트[list] 타입이 있고 큐의 이름은 self.name 속성에 저장된다.

그리고 고유한 엘리먼트를 갖는 파이썬 셋[Set]과 유사하게 동작하는 레디스 셋[Set]이 있다. 셋 이름은 self.seen_set에 저장되며 sadd와 sismember 메소드(새로운 키를 추가하고 엘리먼트를 확인한다)를 통해 관리된다.

마지막으로 깊이[Depth]에 대해서는 set_depth와 get_depth 메소드를 사용한다. 두 메소드는 self.depth에 저장된 이름을 가진 일반 레디스 해시 테이블을 사용하고 각 URL을 키로, 깊이를 값으로 사용한다. 코드에 추가된 유용한 부분은 도메인에 접근한 마지막 시간을 설정해 Downloader 클래스의 delay 함수를 효율적으로 만들 수 있다는 점이다. 이는 독자를 위한 과제로 남긴다.

 레디스와 동일한 가용성을 가지고 레디스보다 더 많은 기능이 있는 큐를 원한다면 python-rq(http://python-rq.org/)를 사용하는 것이 좋다. python-rq는 Celery와 비슷한 파이썬 잡 큐이며 사용하기 쉽고 설치하기 쉽다. 그리고 Celery보다 기능과 의존성이 적다.

현재의 RedisQueue 구현을 계속 진행하면서 여기에 강조 표시된 새로운 큐 타입을 지원하기 위해 스레드 크롤러를 변경해야 한다.

```
def threaded_crawler_rq(...):
    ...
    # 크롤링해야 하는 URL 큐
    crawl_queue = RedisQueue()
    crawl_queue.push(seed_url)

    def process_queue():
        while len(crawl_queue):
            url = crawl_queue.pop()
        ...
```

첫 번째 변경은 파이썬 리스트를 RedisQueue라는 새로운 레디스 기반 큐로 대체하는 것이다. 레디스 큐는 내부적으로 중복 URL을 처리하므로 더 이상 seen 변수가 필요치 않다. 마지막으로 큐에 URL이 있는지 확인하기 위해 RedisQueue의 len 메소드가 호출된다. 깊이Depth와 엘리먼트 존재 여부(seen) 기능을 처리하기 위해 변경한 로직은 다음과 같다.

```
## process_queue 함수 내에서
if no robots or rp.can_fetch(user_agent, url):
    depth = crawl_queue.get_depth(url) or 0
    if depth == max_depth:
```

```
        print('Skipping %s due to depth' % url)
        continue
    html = D(url, num_retries=num_retries)
    if not html:
        continue
    if scraper_callback:
        links = scraper_callback(url, html) or []
    else:
        links = []
    # 정규식에 일치하는 링크를 찾는다.
    for link in get_links(html, link_regex) + links:
        if 'http' not in link:
            link = clean_link(url, domain, link)
        crawl_queue.push(link)
        crawl_queue.set_depth(link, depth + 1)
```

전체 코드는 http://github.com/knight76/wswp/blob/master/code/chp4/
threaded_crawler_with_queue.py에서 확인할 수 있다.

스레드 크롤러의 변경 버전은 이전 코드에 멀티 프로세싱을 사용해 시작할 수 있다.

```
import multiprocessing

def mp_threaded_crawler(args, **kwargs):
    num_procs = kwargs.pop('num_procs')
    if not num_procs:
        num_cpus = multiprocessing.cpu_count()
    processes = []
    for i in range(num_procs):
        proc = multiprocessing.Process(
            target=threaded_crawler_rq, args=args,
            kwargs=kwargs)
        proc.start()
        processes.append(proc)
    # 프로세스가 완료할 때까지 기다린다.
```

```
for proc in processes:
    proc.join()
```

파이썬의 multiprocessing 모듈이 4장의 앞부분에서 사용한 threading 모듈과 비슷한 인터페이스를 따르기 때문에 코드 구조가 잘 보일 수 있다. 이전 코드는 사용 가능한 CPU의 개수(현재 실행 중인 컴퓨터의 cpu는 8개다)를 사용하거나 스크립트 시작 시 매개 변수를 통해 전달된 num_procs를 사용한다. 그리고 각 프로세스는 스레드 크롤러를 시작하고 모든 프로세스가 실행을 완료할 때까지 대기한다.

이제 다음 커맨드를 사용해 멀티 프로세싱 버전의 링크 크롤러의 성능을 테스트해보자. mp_threaded_crawler 코드는 http://github.com/knight76/wswp/blob/master/code/chp4/threaded_crawler_with_queue.py에서 확인할 수 있다.

```
$ python threaded_crawler_with_queue.py
...
Total time: 197.0864086151123s
```

이전 코드를 살펴본 것처럼 실행 중인 컴퓨터에는 8개의 CPU(4개의 물리 코어와 4개의 가상 코어)가 있으며 스레드의 기본 설정은 5다. 다른 조합을 사용하려면 다음과 같이 -h 커맨드를 사용해 사용할 매개 변수를 살펴볼 수 있다.

```
$ python chp4/threaded_crawler_with_queue.py -h
usage: threaded_crawler_with_queue.py [-h]
[max_threads] [num_procs] [url_pattern]

Multiprocessing threaded link crawler

positional arguments:
    max_threads maximum number of threads
    num_procs number of processes
```

```
url_pattern regex pattern for url matching

optional arguments:
  -h, --help show this help message and exit
```

 -h 커맨드는 threaded_crawler.py에서 다른 값을 테스트하기 위해 사용된다.

프로세스당 8개의 프로세스와 5개의 스레드의 기본 옵션을 적용한 경우 실행 시간은 단일 프로세스를 사용하는 이전 스레드 크롤러의 실행 시간보다 약 1.8배나 빠르다. 다음 섹션에서는 이 세 가지 접근 방법에 대한 상대적인 성능을 자세히 살펴볼 것이다.

┃ 성능

스레드 개수와 프로세스 개수를 늘릴 때 다운로드에 필요한 시간에 미치는 영향을 더 자세히 파악할 수 있는 500개의 웹 페이지 크롤링 결과는 다음과 같다.

스크립트	스레드 개수	프로세스 개수	소요 시간	순차 다운로드와 비교	에러를 확인하는가?
순차	1	1	1349.798s	1	아니오
스레드	5	1	361.504s	3.73	아니오
스레드	10	1	275.492s	4.9	아니오
스레드	20	1	298.168s	4.53	예
프로세스	2	2	726.899s	1.86	아니오
프로세스	2	4	559.93s	2.41	아니오
프로세스	2	8	451.772s	2.99	예

프로세스	5	2	383.438s	3.52	아니오
프로세스	5	4	156.389s	8.63	예
프로세스	5	8	296.610s	4.55	예

위 표의 다섯 번째 컬럼은 기본 순차 다운로드를 기반으로 비교한 시간 비율을 의미한다. 성능 향상은 스레드 개수와 프로세스 개수에 선형적으로 비례하지 않지만 스레드가 늘어나 실제로 성능이 저하될 때까지 대수적인 것처럼 보인다. 예를 들어 1개의 프로세스와 5개의 스레드를 사용하면 4배의 성능 향상을 얻지만 10개의 스레드를 사용하면 5배의 성능 향상을 얻는다. 그러나 20개의 스레드를 사용하면 성능이 저하된다.

시스템에 따라 성능상의 차이는 다를 수 있다. 그러나 스레드를 추가하면 실행 속도를 높이는 데 도움이 되지만 이전에 추가된 스레드보다 효과적이지는 않다(즉, 선형의 속도 향상이 아니다). 이는 프로세스가 더 많은 스레드를 전환해야 하고 각 스레드에 더 적은 시간을 할애한다는 것을 고려할 때 이 부분을 예상할 수 있을 것이다.

또한 다운로드에 사용할 수 있는 대역폭 크기가 제한되기 때문에 스레드를 추가한다 해도 결국 다운로드 속도가 빨라지지 않는다. 프로그램을 실행하면 urlopen error [Errno 101] Network is unreachable과 같은 에러를 볼 수 있다. 특히 많은 수의 스레드 또는 프로세스를 테스트할 때 간간히 볼 수 있다. 이는 분명히 차선이며 적은 수의 스레드를 선택할 때 보게 될 다운로드 에러보다 다운로드 에러가 더 자주 발생한다.

물론 분산된 설정이나 클라우드 서버 환경에서 실행하는 경우 네트워크 제약 조건이 달라진다. 표의 마지막 컬럼은 정상적인 ISP 케이블 연결을 사용해 단일 노트북에서 수행한 에러를 추적한 것이다.

테스트 결과는 환경에 따라 다를 수 있으며 결과 표는 서버가 아닌 노트북을 사용해 테스트됐다(대역폭이 더 좋고 백그라운드 프로세스가 적었다). 그래서 컴퓨터 또는 서버에서 비슷하게 실행하고 표를 작성하길 바란다. 컴퓨터의 한계를 발견한다면 더 좋은 성능을 높이기 위해 동일한 레디스 인스턴스를 바라보는 여러 서버에 크롤링 프로그램을 배포해야 한다.

파이썬 멀티 프로세싱과 GIL

파이썬의 스레드와 프로세스에 대한 장기간 성능을 검토하려면 먼저 GIL^{Global Interpreter} ^{Lock}을 이해해야 한다. GIL은 파이썬 인터프리터가 한 번에 하나의 스레드만 사용함으로써 코드를 실행하는 메커니즘이다. 즉 파이썬 코드는 멀티 프로세싱과 멀티 코어를 사용하는 경우에도 선형으로만 실행됨을 의미한다. 이 설계 결정은 파이썬이 빠르게 실행될 수 있지만 여전히 스레드 안전성을 얻을 수 있도록 만들어졌다.

 GIL에 대해 아직 잘 모른다면 PyCon 2010의 David Beazley의 GIL Talk Understanding 발표 자료(https://www.youtube.com/watch?v=Obt-vMVdM8s)를 보길 바란다. 그는 그의 블로그에 수많은 글을 올리며 GILectomy에 대한 흥미로운 내용(빠른 멀티 프로세싱을 위해 GIL을 파이썬에서 제거하려고 시도했었다)을 제공한다.

GIL은 이 책의 웹 스크래퍼가 수행한 것처럼 높은 I/O 작업을 수행할 때 추가 성능에 대한 부담을 준다. 또한 GIL은 프로세스와 스레드 간의 더 좋은 데이터를 공유하기 위해 파이썬의 멀티 프로세싱 라이브러리를 활용한다.

파이썬 고유의 멀티 프로세싱 내부와 레디스 기반 시스템을 비교하기 위해 워커 풀^{Worker Pool} 또는 큐를 포함하는 맵으로 스크래퍼를 작성할 수 있다. 비동기 프로그래밍을 사용해 성능을 향상시키고 네트워크 사용률을 높일 수 있다. async, tornado, NodeJS와 같은 비동기 라이브러리를 사용하면 프로그램을 넌블럭킹^{Non-blocking}으로 실행할 수 있기 때문에 웹 서버의 응답을 기다리는 동안 프로세스가 다른 스레드로 전환될 수 있다. 이 구현 중 일부는 이 책의 사용 사례보다 더 빠를 수도 있다.

또한 PyPy(https://pypy.org/)와 같은 프로젝트를 사용해 스레드 속도와 멀티 프로세싱 속도를 높일 수 있다. 즉 성능을 측정하고 최적화를 구현하기 전에 필요성을 평가한다(미리 최적화하지 말라). 속도가 명료성보다 얼마나 중요한지, 실제 관찰에 비해 직관이 얼마나 정확한지 묻는 것은 좋은 규칙이다. 파이썬의 선[Zen of Python3]을 기억하고 이에 따라 진행하길 바란다.

▌ 정리

4장에서는 순차 다운로드를 사용할 때 성능 병목 현상이 발생하는 이유에 대해 설명했다. 많은 웹 페이지를 여러 스레드와 프로세스를 사용해 효율적으로 다운로드하는 방법, 증가하는 스레드와 프로세스 개수를 적용해 언제 좋은지, 나쁜지 비교하는 방법과 최적화하는 방법을 살펴봤다. 그리고 여러 장비 또는 프로세스에서 사용할 수 있는 새로운 레디스 큐를 구현했다.

5장에서는 자바스크립트를 사용해 콘텐츠를 동적으로 읽는 웹 페이지에서 콘텐츠를 스크래핑하는 방법에 대해 설명한다.

---

3 파이썬의 선은 파이썬 개발자인 Tim Peters가 1999년 6월에 작성한 파이썬 프로그래밍 언어로 디자인할 때 영향을 미치는 20가지 소프트웨어 원칙에 대한 내용이다. 자세한 내용은 https://goo.gl/De26xm을 참고한다.

05

동적 콘텐츠

유엔의 2006년 조사에 따르면 주요 웹 사이트의 73%가 중요한 기능을 자바스크립트에 의존한다(http://www.un.org/esa/socdev/enable/documents/execsumnomensa.doc 참조)고 한다. 리액트React, AngularJS, Ember, Node 등과 같은 자바스크립트의 모델Model 뷰View 컨트롤러Controller(또는 MVC) 프레임워크의 성장과 인기로 인해 웹 페이지 콘텐츠의 기본 엔진으로 자바스크립트의 중요성이 높아졌다.

자바스크립트의 사용 사례는 간단한 폼 이벤트부터 전체 페이지 콘텐츠를 로딩한 후 다운로드하는 싱글 페이지 앱까지 다양하다. 지금까지 살펴본 스크래핑 아키텍처로는 동적 콘텐츠를 포함하는 원본 HTML에서 콘텐츠를 사용할 수 없고 웹 사이트에서 중요한 정보를 추출하지 못한다.

5장에서는 동적 자바스크립트 웹 사이트에서 데이터를 스크래핑할 수 있는 두 가지 접근 방법을 다룬다. 이들은 다음과 같다.

- 자바스크립트 리버스 엔지니어링
- 자바스크립트 렌더링하기

▋ 동적 웹 페이지의 예

동적 웹 페이지 예시를 살펴보겠다. 예시 웹 사이트에는 국가를 찾는 데 사용되는 http://example.webscraping.com/places/default/search에서 제공되는 검색 폼 이 있다. 문자 A로 시작하는 모든 국가를 찾고 싶다고 가정하자.

결과 화면에서 마우스 오른쪽 버튼으로 클릭해 브라우저 툴(2장, '데이터 스크래핑하기')로 검사 또는 엘리먼트 검사를 클릭하면 `<div>` 엘리먼트 ID가 "results" 아래에 결과가 있음을 찾을 수 있다.

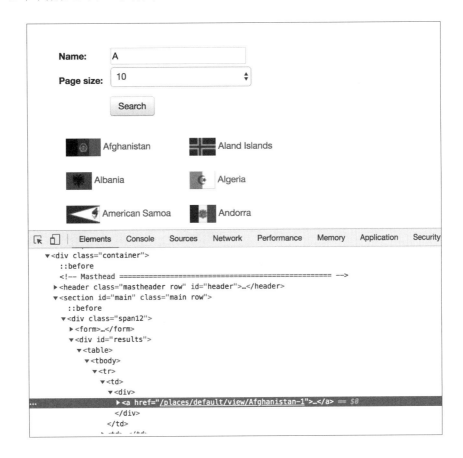

2장, '데이터 스크래핑하기'와 3장, '다운로드 캐싱하기'의 Downloader 클래스에서 다뤘던 lxml 모듈을 사용해 다음 결과를 추출해 보자.

```
>>> from lxml.html import fromstring
>>> from chp3.downloader import Downloader
>>> D = Downloader()
>>> html = D('http://example.webscraping.com/places/default/search')
```

```
>>> tree = fromstring(html)
>>> tree.cssselect('div#results a')
[]
```

스크래퍼 예시에서 결과를 추출하지 못했다. 브라우저 툴을 사용하는 대신 마우스 오른쪽 단추를 클릭해 '페이지 소스 보기' 옵션을 클릭해 예시 웹 페이지의 소스 코드를 확인하면 결과를 추출하지 못한 이유를 이해할 수 있다. 웹 페이지에 스크래핑하려는 <div> 엘리먼트가 비어 있음을 알 수 있다.

```
<div id="results">
</div>
```

브라우저 툴은 웹 페이지의 현재 상태를 보여준다. 이 경우 웹 페이지가 자바 스크립트를 사용해 검색 결과를 동적으로 로딩했음을 의미한다. 다음 섹션에서는 브라우저 툴의 다른 기능을 사용해 브라우저 툴이 결과를 어떻게 로딩하는지 살펴보자.

 AJAX는 무엇인가?

AJAX는 **Asynchronous JavaScript and XML**의 약자로, 2005년에 웹 브라우저에서 동적 웹 애플리케이션을 사용할 수 있도록 개발됐다. 가장 중요한 점은 원래 마이크로소프트 (Microsoft) 사에서 ActiveX용으로 구현한 자바스크립트 XMLHttpRequest 객체를 대부분의 일반적인 웹 브라우저에서 사용할 수 있다는 점이다. 자바스크립트는 XMLHttpRequest 객체를 사용해 원격 서버에 HTTP 요청을 하고 응답을 수신할 수 있다. 따라서 웹 애플리케이션이 데이터를 주고 받을 수 있음을 의미한다. 이전의 클라이언트와 서버 간에 통신하는 방법은 전체 웹 페이지를 새로 고치는 것이었다. 따라서 소량의 데이터만 전송해야 하는 경우에 사용자 환경이 좋지 않았고 대역폭이 낭비됐다.

구글 Gmail과 구글 맵 사이트는 동적 웹 애플리케이션의 초기 사례였고 AJAX가 대세가 되도록 큰 영향을 줬다.

동적 웹 페이지 리버스 엔지니어링

지금까지 2장, '데이터 스크래핑하기'에서 소개한 동일한 방법을 사용해 웹 페이지에서 데이터를 스크래핑했다. 이 방법은 자바스크립트를 사용해 데이터를 동적으로 로딩하는 웹 페이지에서는 동작하지 않았다. 웹 페이지 데이터를 스크래핑하려면 웹 페이지가 데이터를 로딩하는 방법을 이해해야 한다. 즉 리버스 엔지니어링으로 설명할 수 있다. 이전 섹션의 예시를 계속 진행하면 브라우저 툴에서 Network 탭을 클릭한 후 검색하면 주어진 페이지에 대한 모든 요청이 표시된다. 요청을 위로 스크롤하면, 주로 국가 국기를 로딩하는 화면을 볼 수 있고 흥미로운 이름을 가진 /places/ajax 경로의 search.json을 볼 수 있다.

크롬Chrome 브라우저를 사용해 search.json URL을 클릭하면 자세한 내용을 볼 수 있다(모든 주요 브라우저에서 이와 유사한 기능이 있으므로 보기가 다를 수 있지만 주요 기능은 비슷하게 동작할 것이다). 관심 있는 URL을 클릭하면 파싱된 포맷으로 응답을 보여주는 미리보기를 포함해 자세한 내용을 볼 수 있다. Elements 탭의 Inspect 엘리먼트 뷰(화살표와 네모로 이뤄진 아이콘)를 사용하는 것처럼 화살표 마크를 사용해 미리보기를 확장하고 결과의 각 국가가 JSON 양식에 포함돼 있는지 확인한다.

또한 마우스 오른쪽 버튼을 클릭한 후 새 탭에서 URL을 열어 URL을 직접 접근할 수 있다. 실행해보면 간단한 JSON 응답이 표시된다. AJAX 데이터는 Network 탭 또는 브라우저를 통해 접근할 수 있을 뿐만 아니라 다음과 같이 직접 다운로드할 수 있다.

```
>>> import requests
>>> resp = requests.get('http://example.webscraping.com/places/ajax/search.
```

```
json?page=0&page_size=10&search_term=A')
>>> resp.json()
{'error': '',
'num_pages': 22,
'records': [{'country': 'Afghanistan',
    'pretty_link': '<div><a href="/places/default/view/Afghanistan-1"><img
        src="/places/static/images/flags/af.png" />Afghanistan</a></div>'},
 ...]
}
```

이전 코드에서 알 수 있듯이 requests 라이브러리를 사용하면 json 메소드를 사용해 JSON 응답을 파이썬 딕셔너리로 접근할 수 있다. 원시 문자열 응답을 다운로드할 수도 있고 파이썬의 json.loads 메소드를 사용해 로딩할 수도 있다.

코드에서는 알파벳 A가 포함된 국가를 스크래핑할 수 있는 간단한 방법을 제공한다. 국가의 세부 정보를 찾으려면 AJAX를 검색할 때 알파벳 문자를 각각 전달해 호출해야 한다. 각 문자마다 검색 결과는 페이지로 분리되고 응답의 page_size로 페이지 개수를 지정할 수 있다.

불행하게도 여러 번 검색해도 동일한 국가를 리턴하기 때문에 리턴된 모든 결과를 저장할 수 없을 것이다. 예를 들어 Fiji의 경우 f, i, j를 검색할 때 매번 리턴한다. 해당 중복은 텍스트 파일에 저장 전에 셋(셋은 고유한 엘리먼트를 보장한다) 결과로 저장함으로서 제거된다.

다음은 알파벳의 각 문자를 검색하고 JSON 응답 결과 페이지를 얻는 과정을 반복해 모든 국가를 스크래핑하는 예시 구현이다. 해당 결과는 간단한 텍스트 파일에 저장된다.

```
import requests
import string

PAGE_SIZE = 10
```

```python
template_url = 'http://example.webscraping.com/places/ajax/' + \
    'search.json?page={}&page_size={}&search_term={}'

countries = set()

for letter in string.ascii_lowercase:
    print('Searching with %s' % letter)
    page = 0
    while True:
        resp = requests.get(template_url.format(page, PAGE_SIZE, letter))
        data = resp.json()
        print('adding %d more records from page %d' %
              (len(data.get('records')), page))
        for record in data.get('records'):
            countries.add(record['country'])
        page += 1
        if page >= data['num_pages']:
            break

with open('../data/countries.txt', 'w') as countries_file:
    countries_file.write('n'.join(sorted(countries)))
```

코드를 실행하면 출력이 계속 표시된다.

```
$ python chp5/json_scraper.py
Searching with a
adding 10 more records from page 0
adding 10 more records from page 1
...
```

json_scraper.py 스크립트의 실행이 완료되면 상대 폴더 ../data/의 countries. txt 파일에 국가 이름이 저장된다. 페이지 길이는 글로벌 변수 PAGE_SIZE를 사용해 설정할 수 있다. 요청 횟수를 늘리거나 줄이려면 PAGE_SIZE 변수를 변경한다.

AJAX 스크래퍼는 2장, '데이터 스크래핑하기'에서 다뤘던 일반적인 페이지 단위의 스크래핑 접근 방법이 아닌 국가 세부 정보를 추출할 수 있는 더 간단한 방법을 제공한다. AJAX 사용은 흔히 있는 일이다. AJAX에 의존적인 웹 사이트를 처음 대할 때는 더 복잡해 보이지만 웹 사이트 구조를 데이터 레이어와 프레젠테이션 레이어로 분리할 수 있도록 해주기 때문에 실제로 데이터를 쉽게 추출할 수 있다. 예시 사이트처럼 오픈 API^{Application Programming Interface}가 있는 웹 사이트에서 HTML에서 데이터를 로딩하려면 CSS 선택자와 XPath를 사용하는 대신 API를 사용해 간단히 스크래핑할 수 있다.

엣지 케이스

AJAX 검색 스크립트는 매우 간단하지만 사용할 수 있는 엣지 케이스^{Edge Case}를 활용해 더 단순화시킬 수 있다. 지금까지 26개의 개별 쿼리를 의미하는 각 문자를 쿼리했고 각 쿼리 간에는 중복 결과가 존재한다. 단일 검색 쿼리를 사용해 모든 결과를 얻을 수 있다면 이상적이다. 모든 결과를 가져오는 것이 가능한지 다른 방법을 실험해 볼 것이다. 다음은 검색어가 비어있을 때 발생하는 결과다.

```
>>> url = 'http://example.webscraping.com/places/ajax/search.json?page=0&page_
size=10&search_term='
>>> requests.get(url).json()['num_pages']
0
```

불행하게도 효과가 없었다. 결과가 없다. 다음으로 '*'가 모든 결과와 일치하는지 확인한다.

```
>>> requests.get(url + '*').json()['num_pages']
0
```

아직 운이 없다. 이번에는 정규식인 '.'을 사용해 어떤 문자와 일치하는지 확인한다.

```
>>> requests.get(url + '.').json()['num_pages']
26
```

잘 동작한다. 서버는 정규식을 사용해 일치하는 결과를 리턴해야 한다. 이제 모든 알파벳 검색 방법을 '.' 문자를 사용해 단 한 번의 검색으로 대체할 수 있다.

또한 page_size 쿼리 문자열 값을 사용해 AJAX URL에서 페이지 크기를 설정할 수 있다. 웹 사이트 검색 인터페이스는 page_size 값을 4, 10, 20으로 설정할 수 있고 해당 값을 기본값으로 10을 설정한다. 따라서 페이지 크기를 최대로 늘리면 다운로드할 페이지 수를 절반으로 줄일 수 있다.

```
>>> url = 'http://example.webscraping.com/places/ajax/search.json?page=0&page_size=20&search_term=.'
>>> requests.get(url).json()['num_pages']
13
```

이제 웹 인터페이스 셀렉트 박스가 지원하는 것보다 훨씬 더 큰 페이지 크기를 사용하면 어떻게 될까?

```
>>> url = 'http://example.webscraping.com/places/ajax/search.json?page=0&page_size=1000&search_term=.'
>>> requests.get(url).json()['num_pages']
1
```

분명히 서버는 page_size 매개 변수가 웹 인터페이스에서 허용된 옵션과 일치하는지 확인하지 않고 모든 결과를 단일 페이지에 리턴한다. 많은 웹 애플리케이션은 모든 API 요청이 웹 인터페이스를 통해서만 온다고 가정하기 때문에 AJAX 백엔드에서 page_size 매개 변수를 확인하지 않는다.

이제 하나의 요청으로 모든 국가의 데이터를 다운로드하는 URL을 생성한다. 다음은 데이터를 CSV 파일에 저장하도록 훨씬 간단하게 변경한 예다.

```
from csv import DictWriter
import requests

PAGE_SIZE = 1000

template_url = 'http://example.webscraping.com/places/ajax/search.
json?page=0&page_size={}&search_term=.'

resp = requests.get(template_url.format(PAGE_SIZE))
data = resp.json()
records = data.get('records')

with open('../data/countries.csv', 'w') as countries_file:
  wrtr = DictWriter(countries_file, fieldnames=records[0].keys())
  wrtr.writeheader()
  wrtr.writerows(records)
```

▌ 동적 웹 페이지 렌더링하기

예시의 검색 웹 페이지에서 API의 동작 방법을 신속하게 리버스 엔지니어링Reverse Engineering할 수 있었고 하나의 요청으로 결과를 검색하는 방법을 사용할 수 있었다. 그러나 고급 브라우저 툴을 사용해도 웹 사이트는 매우 복잡하고 이해하기 어려울 수 있다. 예를 들어 웹 사이트가 GWTGoogle Web Toolkit로 개발된 경우 결과로 만들어지는 자바스크립트 코드는 서버에서 생성되고 축소된다. 생성된 자바스크립트 코드는 JS beautifier와 같은 툴로 정리할 수 있지만 결과는 길어지고 원래 변수 이름은 잃어버리게 되므로 이해하거나 리버스 엔지니어링하기가 어렵다.

또한 React.js와 다른 Node.js 기반 툴과 같은 하위 레벨의 프레임워크는 이미 복잡한 자바스크립트 로직을 추상화하고 데이터와 변수 이름을 난독화하고 쿠키, 브라우저 세션, 타임 스탬프를 요구하거나 스크래핑이 안되는 기술을 사용함으로써 더 많은 API 요청에 대한 보안 레이어를 추가할 수 있다.

좀 더 노력하면 모든 웹 사이트를 리버스 엔지니어링할 수 있다. 그러나 이런 노력은 브라우저 렌더링 엔진을 사용해 피할 수 있다. 브라우저 렌더링 엔진은 HTML을 파싱하고 CSS 서식을 적용하며 웹 페이지를 표시하는 자바스크립트를 실행하는 웹 브라우저의 일부다. 이 섹션에서는 Qt 프레임워크를 통해 편리한 파이썬 인터페이스가 웹킷 렌더링 엔진을 사용한다.

웹킷이란 무엇인가?

웹킷(WebKit) 코드는 Konqueror 웹 브라우저의 렌더링 엔진인 1998년 KHTML 프로젝트로 시작됐다. 그리고 애플은 2001년에 웹킷을 포크(fork)해 사파리 웹 브라우저에서 사용했다. 구글은 2013년에 웹킷의 **Blink** 버전을 포크하기 전까지 웹킷을 크롬 버전(Chrome Version) 27에 사용했다. Opera 브라우저는 원래 2003년부터 2012년까지 **Presto**라는 내부 렌더링 엔진을 사용했다가 2013년 크롬의 Blink 버전을 사용했다. 웹킷 외에 인기있는 브라우저 렌더링 엔진은 인터넷 익스플로러에서 사용하는 **Trident**이고 Firefox는 **Gecko**다.

PyQt or PySide

파이썬을 Qt 프레임워크와 바인딩하는 모듈은 PyQt, PySide가 있다. PyQt는 1998년에 처음 출시됐지만 상용 프로젝트에서는 라이선스가 필요하다. 라이선스 이슈로 인해 Qt를 개발한 회사인 Nokia와 Digia는 2009년 PySide라는 파이썬 바인딩을 개발하고 더 엄격한 LGPL 라이선스로 배포했다.

두 바인딩 사이에는 작은 차이점이 있지만 5장의 예시에서 모두 사용한다. Qt 바인딩을 임포트하기 위해 다음 코드를 사용한다.

```
try:
    from PySide.QtGui import *
    from PySide.QtCore import *
    from PySide.QtWebKit import *
except ImportError:
    from PyQt4.QtGui import *
    from PyQt4.QtCore import *
    from PyQt4.QtWebKit import *
```

예시에서 PySide를 사용할 수 없으면 ImportError 예외가 발생하고 PyQt를 임포트한다. PyQt도 사용할 수 없으면 ImportError가 발생하고 스크립트가 종료된다.

 Qt 파이썬 바인딩을 다운로드하고 설치하는 방법은 http://qt-project.org/wiki/Setting_up_PySide와 http://pyqt.sourceforge.net/Docs/PyQt4/installation.html에서 확인할 수 있다. 사용 중인 파이썬 3의 버전에 따라 라이브러리를 사용하지 못할 수 있지만 라이브러리 릴리즈를 자주 하기에 항상 확인하고 사용할 수 있다.

Qt로 디버깅하기

PySide 또는 PyQt를 사용할 때 애플리케이션이나 스크립트를 디버깅하기 위해 웹사이트에 접근할 수 있다. QWebView GUI의 show() 메소드를 사용해 로딩한 페이지에서 어떤 내용이 렌더링되는지 '확인'하는 방법을 다룰 것이다. 또한 page().mainFrame().toHtml() 체인 메소드를 사용할 수 있다(언제든지 HTML을 얻을 수 있는 독 html 메소드를 통해 BrowserRender 클래스를 사용할 때 쉽게 참조할 수 있고, HTML을 파일로 저장하고 브라우저에서 연다).

또한 파이썬에는 pdb와 같은 여러 디버거가 존재한다. pdb는 스크립트에 통합할 수 있고 브레이크 포인트[Breakpoint]를 사용해 에러, 이슈, 버그로 여겨지는 코드를 단계별로 실행할 수 있다. 디버그를 설정하는 방법에는 설치한 라이브러리와 Qt 버전에 따라 다르다. 따라서 정확한 디버그 설정 방법을 검색하고 브레이크 포인트 또는 트레이스[Trace]를 설정할 수 있는 방법을 검토하길 바란다.

자바스크립트 실행하기

웹킷 설치가 자바스크립트를 실행할 수 있는지 확인하기 위해 http://example.webscraping.com/places/default/dynamic에서 간단한 예시를 볼 수 있다.

웹 페이지에서 자바스크립트를 사용해 Hello World를 div 엘리먼트에 저장하면 된다. 다음은 소스 코드다.

```html
<html>
  <body>
    <div id="result"></div>
    <script>
    document.getElementById("result").innerText = 'Hello World';
    </script>
  </body>
</html>
```

원본 HTML을 다운로드하고 결과를 파싱하는 전통적인 접근 방법으로 div 엘리먼트는 다음과 같이 비어 있다.

```python
>>> import lxml.html
>>> from chp3.downloader import Downloader
>>> D = Downloader()
>>> url = 'http://example.webscraping.com/places/default/dynamic'
>>> html = D(url)
```

```
>>> tree = lxml.html.fromstring(html)
>>> tree.cssselect('#result')[0].text_content()
''
```

다음은 이전 섹션에서 설명한 PyQt 또는 PySide 임포트를 수행해야 하는 웹킷의 처음 예시다.

```
>>> app = QApplication([])
>>> webview = QWebView()
>>> loop = QEventLoop()
>>> webview.loadFinished.connect(loop.quit)
>>> webview.load(QUrl(url))
>>> loop.exec_()
>>> html = webview.page().mainFrame().toHtml()
>>> tree = lxml.html.fromstring(html)
>>> tree.cssselect('#result')[0].text_content()
'Hello World'
```

이전 코드의 작업이 많아서 한 라인씩 코드를 단계별로 살펴볼 것이다.

- 첫 번째 라인에서는 다른 Qt 객체를 초기화하기 전에 Qt 프레임워크가 필요한 QApplication 객체를 인스턴스로 생성한다.
- 그 다음 QWebView 객체를 생성한다. QWebView 객체는 웹 문서의 위젯이다.
- 로컬 이벤트 루프를 작성하는 데 사용되는 QEventLoop 오브젝트를 생성한다.
- QwebView 객체의 loadFinished 콜백으로 QEventLoop의 quit 메소드로 바인딩함으로써 웹 페이지 로딩이 완료되면 이벤트 루프가 중지될 것이다.
- 로딩할 URL이 QWebView에 전달된다. PyQt는 QUrl 객체로 래핑된 URL 문자열을 필요하지만 PySide에서는 선택 사항이다.
- QWebView는 비동기적으로 로딩된다. 따라서 웹 페이지를 로딩하는 동안 실

행은 다음 라인으로 즉시 넘어간다. 그러나 해당 웹 페이지가 로딩될 때까지 기다려야 한다면 이벤트 루프를 시작하기 위해 loop.exec_( )를 호출한다.

- 웹 페이지 로딩이 완료되면 이벤트 루프가 종료되고 코드 실행이 계속된다. 로딩된 웹 페이지의 HTML 결과는 toHTML 메소드에 의해 추출된다.
- 마지막 라인은 자바스크립트가 성공적으로 실행됐고 div 엘리먼트에 Hello World가 포함돼 있음을 보여준다.

C++ Qt 프레임워크 웹 사이트(http://qt-project.org/doc/qt-4.8/)에 여기에 사용된 모든 클래스와 메소드를 설명한다. PyQt와 PySide는 자체 문서를 갖고 있지만 원래의 C++ 버전의 설명과 포맷이 잘 돼 있어서 일반적으로 파이썬 개발자는 C++ 버전 문서를 많이 사용한다.

웹킷을 사용한 웹 사이트의 상호 작용

사용자가 예시의 웹 페이지를 검색하려면 검색 폼을 수정하고 제출한 후 페이지 링크를 클릭해야 한다. 그러나 지금까지 브라우저 렌더러는 자바스크립트만 실행하고 HTML 결과에 접근할 수 있었다. 검색 페이지를 스크래핑하려면 이런 상호 작용을 지원하도록 브라우저 렌더러를 확장해야 한다. 다행히 Qt는 HTML 엘리먼트를 선택하고 다룰 수 있는 우수한 API를 제공하기에 구현이 간단하다.

검색어를 '.'로, 페이지 크기를 '1000'으로 설정하고 모든 결과를 단일 쿼리로 로딩하는 이전 AJAX 검색 예시의 대안 버전을 사용한다.

```
app = QApplication([])
webview = QWebView()
loop = QEventLoop()
webview.loadFinished.connect(loop.quit)
webview.load(QUrl('http://example.webscraping.com/places/ajax/search.json'))
loop.exec_()
webview.show()
```

```
frame = webview.page().mainFrame()
frame.findFirstElement('#search_term').
    setAttribute('value', '.')
frame.findFirstElement('#page_size option:checked').
    setPlainText('1000')
frame.findFirstElement('#search').
    evaluateJavaScript('this.click()')
app.exec_()
```

처음 몇 라인은 이전 Hello World 예시처럼 웹 페이지를 렌더링하는 데 필요한 Qt 객체를 인스턴스로 생성한다. 다음으로 QWebView GUI의 show() 메소드가 호출돼 디버깅에 유용한 렌더링 윈도우가 표시된다. 그리고 프레임에 대한 참조를 생성해 다음 라인을 더 짧게 한다.

QWebFrame 클래스에는 웹 페이지와 상호 작용할 수 있는 유용한 메소드를 많이 갖고 있다.

findFirstElement가 포함된 세 라인은 CSS 선택자를 사용해 frame에서 엘리먼트를 찾고 검색 매개 변수를 설정한다. 그 다음에는 클릭 이벤트를 시뮬레이션하는 evaluateJavaScript() 메소드를 사용해 폼이 제출된다. evaluateJavaScript() 메소드는 웹 페이지에 직접 정의된 자바스크립트 메소드 호출을 포함해 제출한 모든 자바스크립트 코드를 추가하고 실행할 수 있기 때문에 매우 편리하다. 그리고 마지막 라인은 애플리케이션 이벤트 루프를 입력해 폼에서 무슨 일이 발생하고 있는지 확인할 수 있다. 이벤트 루프가 없으면 스크립트는 즉시 종료된다.

해당 스크립트가 실행될 때 다음과 같다.

마지막 라인의 app.exec_( ) 실행은 블로킹 호출이고 특정 스레드에서 그 뒤의 코드가 실행되는 것을 막는다. webkit.show( )를 사용해 코드가 어떻게 동작하고 있는지를 확인하는 것은 애플리케이션을 디버그하고 웹 페이지에서 실제로 일어나고 있는 것을 확인할 수 있는 좋은 방법이다.

실행 중인 애플리케이션을 중지하려면 Qt 윈도우(또는 파이썬 인터프리터)를 닫으면 된다.

결과 기다리기

웹킷 크롤러 구현의 마지막 부분은 AJAX 이벤트가 완료되고 국가 데이터가 로딩될 때 명확하지 않아 가장 어려운 부분인 검색 결과를 스크래핑하는 것이다. 어려운 문제를 해결할 수 있는 세 가지 방법이 있다.

- 설정된 시간 동안 AJAX 이벤트가 완료되기를 기다리고 완료되길 바란다.
- URL 요청이 완료하는 시점을 추적하기 위해 Qt의 네트워크 관리자를 재정의한다.
- 예상하는 콘텐츠가 나타날 때까지 웹 페이지를 폴링한다.

첫 번째 방법은 구현이 가장 간단하지만 타임아웃을 안전하게 설정하면 일반적으로 스크립트가 너무 많은 시간을 기다려야 하기 때문에 비효율적이다. 또한 네트워크가 평소보다 느리면 지정한 타임아웃이 실패할 수 있다. 두 번째 방법은 더 효율적이지만 클라이언트측 지연이 발생할 때 적용할 수 없다. 예를 들어 다운로드가 완료됐지만 콘텐츠가 표시되기 전에 버튼이 눌려져야 한다. 세 번째 방법은 보다 안정적이며 구현하기 쉽다. 콘텐츠가 로딩됐는지를 확인할 때 CPU 주기를 낭비하는 아무 작은 단점이 있다. 다음은 세 번째 방법을 구현한 것이다.

```
>>> elements = None
>>> while not elements:
...     app.processEvents()
...     elements = frame.findAllElements('#results a')
...
>>> countries = [e.toPlainText().strip() for e in elements]
>>> print(countries)
['Afghanistan', 'Aland Islands', ... , 'Zambia', 'Zimbabwe']
```

여기서 코드는 국가 링크가 results div에 나타날 때까지 while 루프에서 기다린다. 루프를 돌 때마다 app.processEvents()를 호출하고 Qt 이벤트의 루프 타임에 태스크(예, 클릭 이벤트에 응답하고 GUI를 변경)를 수행할 수 있도록 한다. 또한 루프에서 잠시 sleep을 추가해 CPU를 간간히 쉬게 할 수 있다.

지금까지 전체 코드 예시는 https://github.com/knight76/wswp/blob/master/code/chp5/pyqt_search.py에서 확인할 수 있다.

▍렌더링 클래스

앞으로 렌더링 기능을 더욱 쉽게 사용할 수 있도록 특정 클래스에서 사용하고 패키지화한 메소드를 소개한다. 소스 코드는 https://github.com/knight76/wswp/blob/master/code/chp5/browser_render.py에서도 확인할 수 있다.

```python
import time

class BrowserRender(QWebView):
    def __init__(self, show=True):
        self.app = QApplication(sys.argv)
        QWebView.__init__(self)
        if show:
            self.show() # show the browser

    def download(self, url, timeout=60):
        """다운로드가 완료될 때까지 기다린 후 결과를 리턴한다"""
        loop = QEventLoop()
        timer = QTimer()
        timer.setSingleShot(True)
        timer.timeout.connect(loop.quit)
        self.loadFinished.connect(loop.quit)
        self.load(QUrl(url))
        timer.start(timeout * 1000)
        loop.exec_() # delay here until download finished
        if timer.isActive():
            # 다운로드했다.
            timer.stop()
            return self.html()
        else:
            # 타임아웃
            print 'Request timed out: ' + url

    def html(self):
        """현재 HTML을 리턴하는 메소드"""
```

```python
        return self.page().mainFrame().toHtml()

    def find(self, pattern):
        """패턴과 일치하는 모든 엘리먼트를 찾는다"""
        return self.page().mainFrame().findAllElements(pattern)

    def attr(self, pattern, name, value):
        """일치하는 엘리먼트에 대한 속성을 설정한다"""
        for e in self.find(pattern):
            e.setAttribute(name, value)

    def text(self, pattern, value):
        """일치하는 엘리먼트에 대한 속성을 설정한다"""
        for e in self.find(pattern):
            e.setPlainText(value)

    def click(self, pattern):
        """일치하는 엘리먼트를 클릭한다"""
        for e in self.find(pattern):
            e.evaluateJavaScript("this.click()")

    def wait_load(self, pattern, timeout=60):
        """패턴을 발견하고 일치할 때까지 기다리도록 한다"""
        deadline = time.time() + timeout
        while time.time() < deadline:
            self.app.processEvents()
            matches = self.find(pattern)
            if matches:
                return matches
        print('Wait load timed out')
```

download()와 wait_load() 메소드에 타이머와 관련된 일부 코드가 추가된 것을 확인할 수 있다. 타이머는 대기 시간을 추적해 최종 기한내에 도달하면 이벤트 루프를 취소한다. 그렇지 않으면 네트워크 문제가 발생할 때 이벤트 루프는 무기한 실행된다.

다음은 새로운 클래스를 사용해 검색 페이지를 스크래핑하는 방법이다.

```
>>> br = BrowserRender()
>>> br.download('http://example.webscraping.com/places/default/search')
>>> br.attr('#search_term', 'value', '.')
>>> br.text('#page_size option:checked', '1000')
>>> br.click('#search')
>>> elements = br.wait_load('#results a')
>>> countries = [e.toPlainText().strip() for e in elements]
>>> print countries
['Afghanistan', 'Aland Islands', ... , 'Zambia', 'Zimbabwe']
```

Selenium

이전 섹션에서 사용된 웹킷 라이브러리를 사용해 필요에 따라 브라우저 렌더러가 동작하도록 사용자 정의할 수 있다. 이 정도의 유연성이 필요하지 않으면 설치가 쉽고 설치가 쉬운 대안으로 Selenium이 있다. Selenium은 인기있는 여러 웹 브라우저를 사동화하는 API를 제공한나. pip를 사용해 Selenium을 설치할 수 있나.

```
pip install selenium
```

Selenium의 동작 방법을 보여주기 위해 Selenium에서 이전 검색 예시를 다시 작성한다. 첫 번째 단계는 웹 브라우저에 대한 커넥션을 생성하는 것이다.

```
>>> from selenium import webdriver
>>> driver = webdriver.Firefox()
```

이전 커맨드를 실행하면 빈 브라우저 창이 열린다. 에러가 발생하면 geckodriver (https://github.com/mozilla/geckodriver/releases)를 설치하고 **geckodriver**를 사용할 수 있도록 PATH 변수에 추가해야 한다.

Qt 위젯보다는 상호 작용하고 볼 수 있는 브라우저를 사용하는 것이 편리하다. 매번 커맨드를 사용하면 브라우저 창을 검사해 스크립트가 예상대로 동작하는지 확인할 수 있기 때문이다. 예시에서는 파이어폭스를 사용했지만 Selenium은 크롬과 인터넷 익스플로러와 같은 다른 일반적인 웹 브라우저에 대한 인터페이스도 제공한다. 시스템에 설치된 웹 브라우저에서 Selenium 인터페이스만 사용할 수 있다.

 시스템의 브라우저가 지원되는지 여부와 Selenium을 사용하기 위해 설치해야 할 다른 의존성 라이브러리 또는 드라이버를 확인하기 위해 Selenium 문서(http://www.seleniumhq.org/about/platforms.jsp)에서 지원하는 플랫폼을 확인한다.

선택한 웹 브라우저에서 웹 페이지를 로딩하려면 get( ) 메소드를 호출한다.

```
>>> driver.get('http://example.webscraping.com/places/default/search')
```

그리고 선택할 엘리먼트를 설정하기 위해 검색 텍스트 박스의 ID를 사용한다. Selenium은 CSS 선택자 또는 XPath로 엘리먼트를 선택하는 기능을 갖고 있다. 검색 텍스트 박스를 발견하면 입력을 시뮬레이션하는 send_keys( ) 메소드에 콘텐츠를 입력할 수 있다.

```
>>> driver.find_element_by_id('search_term').send_keys('.')
```

모든 검색 결과를 단일 검색으로 리턴하려면 페이지 크기를 1000으로 선정해야 한다. 그러나 Selenium은 웹 페이지 콘텐츠를 수정하는 대신 브라우저와 상호 작용하도록 설계됐기 때문에 설정 작업이 간단치 않다. 이 한계를 극복하기 위해 자바스크립트를 사용해 select 박스 내용을 설정할 수 있다.

```
>>> js = "document.getElementById('page_size').options[1].text = '1000';"
>>> driver.execute_script(js)
```

이제 폼 입력이 준비돼서 검색 버튼을 클릭해 검색할 수 있다.

```
>>> driver.find_element_by_id('search').click()
```

이전 웹킷 구현의 스크립트에서 가장 어려운 부분으로서 결과를 로딩하기 전에 AJAX 요청이 완료될 때까지 기다려야 한다. 다행히 Selenium은 implicitly_wait() 메소드에 타임 아웃을 설정해 해당 이슈에 대한 간단한 해결책을 제공한다.

```
>>> driver.implicitly_wait(30)
```

예시에 30초의 지연이 사용됐다. 이제 아직 사용할 수 없는 엘리먼트를 검색하면 예외가 발생되기 전에 Selenium은 최대 30초 동안 대기한다. Selenium은 명시적인 대기를 사용해 더 세밀한 폴링 제어를 허용한다(http://www.seleniumhq.org/docs/04_webdriver_advanced.jsp에서 잘 설명돼 있다).

국가 링크를 선택하기 위해 웹킷 예시에서 사용한 것과 동일한 CSS 선택자를 사용한다.

```
>>> links = driver.find_elements_by_css_selector('#results a')
```

그 다음 각 링크의 텍스트를 추출해 국가 목록을 생성한다.

```
>>> countries = [link.text for link in links]
>>> print(countries)
['Afghanistan', 'Aland Islands', ... , 'Zambia', 'Zimbabwe']
```

마지막으로 close() 메소드를 호출해 브라우저를 종료할 수 있다.

```
>>> driver.close()
```

이 예시의 소스 코드는 https://github.com/knight76/wswp/blob/master/code/chp5/selenium_search.py에서 볼 수 있다. Selenium에 대한 파이썬 바인딩에 대해 더 알고 싶다면 https://selenium-python.readthedocs.org/를 참고한다.

Selenium과 헤드리스 브라우저

일반적인 브라우저에서 Selenium을 설치하고 사용하는 것이 편리하고 쉽지만, 스크립트를 서버에서 실행한다면 문제가 발생할 수 있다. 서버에서 실행하면 헤드리스 headless 브라우저를 사용하는 것이 더 일반적이다. 또한 모든 기능을 완벽히 갖춘 웹 브라우저보다 빠르고 설정이 쉽다.

이 책을 출판할 당시 가장 인기있는 헤드리스 브라우저는 PhantomJS다. PhantomJS 는 자체 자바스크립트 기반 웹킷 엔진을 통해 실행된다. 대부분의 서버에서 PhantomJS를 쉽게 설치할 수 있으며 최신 다운로드 문서(http://phantomjs.org/download.html)를 기반으로 로컬에 설치할 수 있다.

PhantomJS를 Selenium과 함께 사용하면 또 다른 초기화가 필요하다.

```
>>> from selenium import webdriver
>>> driver = webdriver.PhantomJS()  # 노트: 여기에 phantomjs 실행 파일 경로를 사용할 수 있다.
                         # 에러가 발생 시 PhantomJS('/Downloads/pjs')와 같이 사용한다.
```

첫 번째 차이점은 브라우저 창을 열지는 않았지만 실행중인 PhantomJS 인스턴스가 있다는 것이다. 코드를 테스트하기 위해 페이지를 방문해 스크린 샷을 찍을 수 있다.

```
>>> driver.get('http://python.org')
>>> driver.save_screenshot('../data/python_website.png')
True
```

이제 저장된 PNG 파일을 열면 PhantomJS 브라우저에서 렌더링한 내용을 볼 수 있다.

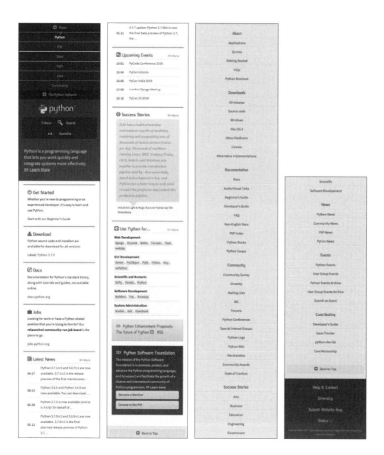

위의 그림과 같이 윈도우 화면이 길게 나타난다. `maximize_window`를 사용하거나 `set_window_size`로 윈도우 크기를 설정해 윈도우 크기를 변경할 수 있다. 두 옵션에 대한 내용은 Selenium에 대한 파이썬 바인딩 문서(https://selenium-python.readthedocs.io/api.html)를 참고한다.

스크린 샷 옵션은 실제 브라우저에서 Selenium을 사용하는 경우에도 Selenium 문제를 디버깅할 때 적합하다. 느린 로딩 페이지 또는 웹 사이트의 페이지 구조 또는 자바스크립트의 변경으로 인해 스크립트가 동작하지 않을 수 있다. 에러가 발생한 특정 시간에 화면을 캡처하는 것이 매우 유용할 수 있다. 또한 드라이버의 `page_source` 속성을 사용해 현재 페이지 원본을 저장하거나 확인할 수 있다.

Selenium과 같은 브라우저 기반 파서를 사용하는 또 다른 이유는 스크래퍼처럼 동작하는 것을 어렵게 만들기 때문에 일부 사이트에서는 Honeypots와 같은 스크래퍼 회피 기술을 사용한다. Honeypots는 페이지에 숨겨진 불량 링크를 포함한다. 따라서 스크립트에서 해당 불량 링크를 클릭하면 서버에서는 스크래퍼를 금지한다. 이런 형태의 이슈에 대해서 Selenium은 브라우저 기반 아키텍처를 갖고 있어서 훌륭한 스크래퍼 역할을 수행한다. 브라우저에서 링크를 클릭할 수 없거나 볼 수 없으면 Selenium을 사용할 때 해당 링크와 상호 작용할 수도 없다. 또한 헤더에는 사용 중인 브라우저 정보를 포함하고 쿠키, 세션, 이미지, 대화형 엘리먼트를 로딩하는 것처럼 일반적인 브라우저 기능에 접근할 수 있다. 해당 기능은 특정 폼이나 페이지를 로딩할 때 필요하다. 스크래퍼가 페이지와 상호 작용해야 하고 '사람이 브라우징하는 것'처럼 수행돼야 한다면 Selenium은 훌륭한 선택이다.

▍ 정리

5장에서는 농적 웹 페이지에서 데이터를 스크래핑할 수 있는 두 가지 접근 방법을 실명했다. 브라우저 둘을 사용해 동적 웹 페이시들 리버스 엔시니어링한 후, 브라우저 렌더러를 사용해 자바스크립트 이벤트를 발생시킨다. 처음에 웹킷을 사용해 자체 사용자 정의 브라우저를 정의했고 다음에는 스크래퍼를 하이레벨의 Selenium 프레임워크로 다시 구현했다.

브라우저 렌더러는 웹 사이트의 백엔드 동작 방법을 이해하는 데 필요한 시간을 절약할 수 있다. 그러나 몇 가지 단점이 있다. 웹 페이지를 렌더링하면 오버 헤드가 발생해 HTML을 다운로드하거나 API 호출을 사용하는 것보다 훨씬 느리다. 또한 HTML 결과를 로딩했는지 여부를 확인하기 위해 웹 페이지를 폴링해야 하는 경우가 있다. 네트워크가 느리면 HTML 결과는 깨지거나 실패할 수 있다.

장기적인 성능과 신뢰성이 그리 중요하지 않으면 일반적으로 브라우저 렌더러를 사용한다. 한편 장기적으로 사용돼야 한다면 웹 사이트를 리버스 엔지니어링한다. 물론 일부 사이트는 '인간과 같은' 상호 작용이 필요하거나 API가 닫혀 있을 수도 있다. 이런 경우에는 브라우저 렌더링 구현이 콘텐츠를 얻을 수 있는 유일한 방법일 것이다.

6장에서는 웹 사이트에 로그인하고 콘텐츠를 편집하기 위해 폼과 쿠키로 상호 작용하는 방법을 설명한다.

06

폼에서 상호 작용하기

동일한 내용을 리턴하는 정적 웹 페이지를 다운로드했다. 6장에서는 사용자 입력과 상태를 기반으로 관련 콘텐츠를 리턴하는 정적 웹 페이지와 상호 작용하는 방법을 알아본다. 6장에서 알아볼 내용은 다음과 같다.

- 폼을 제출하기 위해 POST 요청 보내기
- 쿠키와 세션을 사용해 웹 사이트에 로그인하기
- 폼을 제출하기 위해 Selenium 사용하기

여러 폼과 상호 작용하려면 웹 사이트에 로그인할 사용자 계정이 필요하다. http://example.webscraping.com/user/register에서 수농으로 계정을 능복할 수

있다. 안타깝게도 CAPTCHA 이미지를 다루는 6장까지는 사용자 등록 폼을 자동화할
수 없다.

 폼 메소드

HTML 폼은 서버에 데이터를 제출하는 두 가지 메소드, 즉 GET과 POST를 정의한다. GET
메소드를 사용하면 ?name1=value1&name2=value2와 같은 데이터가 URL에 추가되는
데 이를 '쿼리 문자열(Query String)'이라고 한다. 브라우저는 URL 길이에 제한이 있기 때문
에 GET 메소드는 작은 크기의 데이터에만 유용하다.

또한 GET 메소드는 일반적으로 서버에서 데이터를 검색하고 변경하지 않도록 사용하기에 때
로는 변경하려는 의도가 무시되기도 한다. POST 메소드는 URL이 아닌 요청 본문(body)으로
데이터이 전송된다. 민감한 데이터를 URL에 노출하지 않도록 POST 요청으로 보내야 한다.
POST 데이터가 본문에 표시되는 방법은 인코딩 타입에 따라 다르다.

서버는 PUT, DELETE, HTTP 메소드를 지원할 수 있지만 표준 HTML 폼에서는 모두 지원하
지 않는다.

▍로그인 폼

자동화할 첫 번째 폼은 http://example.webscraping.com/places/default/user/
login에서 사용할 수 있는 로그인 폼이다. 폼을 이해하기 위해 브라우저 개발 툴을
사용한다. Firebug 또는 크롬 개발자 툴의 정식 버전을 사용하면 간단히 폼을 제출
하고 Network 탭에서 전송된 데이터를 확인할 수 있다(5장, '동적 콘텐츠'에서 진행했던
방법과 비슷하다). 그러나 'Inspect' 기능을 사용하면 폼에 대한 정보도 볼 수 있다.

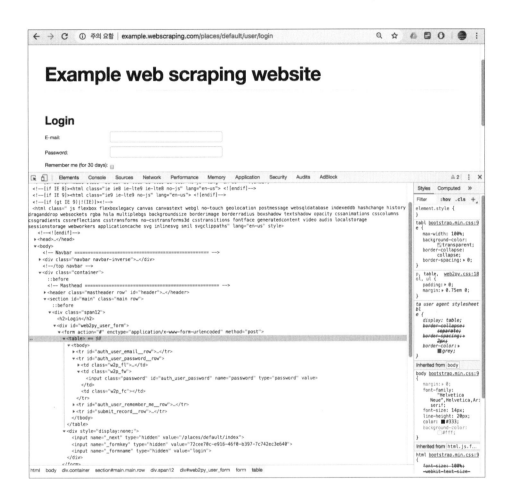

폼을 전송하는 방법과 관련해 중요한 부분은 form 태그의 action, enctype, method 속성과 두 개의 input 필드다(이전 이미지에서 'password' 필드를 확장했다). action 속성은 폼 데이터가 제출될 HTTP 위치를 설정한다. 이 경우 #은 현재 URL 을 나타낸다. enctype 속성(또는 인코딩 타입)으로 제출될 데이터에 사용되는 인코딩 (예시에서는 application/x-www-form-urlencoded)을 설정한다. method 속성은 데이터를 POST 메소드를 사용해 서버에 제출할 수 있도록 post로 설정돼 있다. 각 input 태그에 대한 중요한 속성은 name이고 POST 데이터가 서버에 제출될 때 필드의 이름을 설정한다.

폼 인코딩

폼에서 POST 메소드를 사용할 때 폼 데이터가 서버로 전송되기 전에 인코딩되는 방법에 대한 두 가지 유용한 옵션이 있다. 기본값은 application/x-www-form-urlencoded로서 영어 단어나 숫자가 아닌 모든 문자는 ASCII 16진수 값으로 변환돼야 함을 의미한다. 그러나 이진 파일 업로드와 같이 영숫자가 아닌 많은 데이터가 포함된 폼이 포함되면 application/x-www-form-urlencoded 인코딩이 적용되면 비효율적이기 때문에 multipart/form-data 인코딩이 정의됐다. 여기서 입력은 인코딩되지 않으며 이메일에 사용되는 표준과 동일한 MIME 프로토콜을 사용해 여러 부분으로 전송된다.

해당 표준의 공식 내용은 http://www.w3.org/TR/html5/forms.html#selecting-a-form-submission-encoding에서 살펴볼 수 있다.

일반 사용자는 브라우저에서 로그인 웹 페이지를 열면 이메일과 암호를 입력하고 **로그인** 버튼을 클릭한다. 로그인 세부 정보가 서버에 제출된다. 그리고 서버의 로그인 프로세스가 성공하면 홈페이지로 리디렉션된다. 그렇지 않으면 **로그인 페이지**로 돌아가 입력을 다시 시도해야 한다. 다음은 로그인 프로세스를 자동화하기 위한 초기 시도다.

```
>>> from urllib.parse import urlencode
>>> from urllib.request import Request, urlopen
>>> LOGIN_URL = 'http://example.webscraping.com/places/default/user/login'
>>> LOGIN_EMAIL = 'example@webscraping.com'
>>> LOGIN_PASSWORD = 'example'
>>> data = {'email': LOGIN_EMAIL, 'password': LOGIN_PASSWORD}
>>> encoded_data = urlencode(data)
>>> request = Request(LOGIN_URL, encoded_data.encode('utf-8'))
>>> response = urlopen(request)
>>> print(response.geturl())
'http://example.webscraping.com/places/default/user/login'
```

이전 예시는 이메일과 암호를 지정하고 urlencode로 인코딩한 후 서버로 전송한다.

마지막 print문이 실행되면 **로그인 페이지**의 URL이 출력된다. 이는 로그인 프로세스가 실패했음을 의미한다. 이미 인코딩된 데이터를 바이트로 인코딩해야 하기 때문에 urllib도 이를 받아들일 것이다.

더 적은 코드 라인으로 requests를 사용해 동일한 로직을 작성할 수 있다.

```
>>> import requests
>>> response = requests.post(LOGIN_URL, data)
>>> print(response.url)
'http://example.webscraping.com/places/default/user/login'
```

requests 라이브러리에서 명시적으로 데이터를 post 메소드로 전달할 수 있고 내부적으로 인코딩을 수행한다. 불행히도 이전 코드는 로그인에 실패한다.

해당 로그인 폼은 매우 엄격해서 이메일, 암호와 함께 제출할 추가 필드를 더 받는다. 해당 추가 필드는 이전 스크린 샷의 맨 아래에 있지만 숨김^{Hidden}으로 설정돼 있어서 브라우저에 표시되지 않는다. 이 숨겨진 필드에 접근하려면 2장, '데이터 스크래핑하기'에서 설명한 lxml 라이브러리를 사용해 폼의 모든 input 태그 세부 정보를 추출하는 함수를 사용한다.

```python
from lxml.html import fromstring

def parse_form(html):
    tree = fromstring(html)
    data = {}
    for e in tree.cssselect('form input'):
        if e.get('name'):
            data[e.get('name')] = e.get('value')
    return data
```

이전 코드의 함수는 lxml CSS 선택자를 사용해 폼의 모든 input 태그를 순회해서 사전에 name과 value 속성을 리턴하도록 한다. 다음은 로그인 페이지에서 코드가 실행될 때의 결과다.

```
>>> html = requests.get(LOGIN_URL)
>>> form = parse_form(html.content)
>>> print(form)
{'_formkey': 'a3cf2b3b-4f24-4236-a9f1-8a51159dda6d',
'_formname': 'login',
'_next': '/places/default/index',
'email': '',
'password': '',
'remember_me': 'on'}
```

_formkey 속성은 중요한 부분이다. _formkey 속성은 여러 번 폼을 제출하지 않도록 서버에서 사용하는 고유한 ID가 들어 있다. 웹 페이지가 로드될 때마다 다른 _formkey ID가 사용되며 서버는 주어진 ID를 포함한 폼이 이미 제출됐는지 여부를 알 수 있다. 다음은 _formkey 및 다른 숨겨진 값을 제출하는 로그인 프로세스의 변경된 버전이다.

```
>>> html = requests.get(LOGIN_URL)
>>> data = parse_form(html.content)
>>> data['email'] = LOGIN_EMAIL
>>> data['password'] = LOGIN_PASSWORD
>>> response = requests.post(LOGIN_URL, data)
>>> response.url
'http://example.webscraping.com/places/default/user/login'
```

불행히도 이전 예시는 로그인 URL이 다시 리턴됐기 때문에 동작하지 않는 코드다. 브라우저 쿠키와 같은 또 다른 필수 컴포넌트를 놓치고 있다. 일반 사용자가 **로그인**

폼을 로드하면 _formkey 값은 제출된 로그인 폼 데이터의 _formkey 값과 비교되는 쿠키에 저장된다. response 객체를 통해 쿠키와 쿠키 값을 살펴볼 수 있다.

```
>>> response.cookies.keys()
['session_data_places', 'session_id_places']
>>> response.cookies.values()
['"8bfbd84231e6d4dfe98fd4fa2b139e7f:N-almnUQ0oZtHRItjUOncTrmC30PeJpDgmAqXZE
wLtR1RvKyFWBMeDnYQAIbWhKmnqVp-deo5Xbh41g87MgYB-oOpLysB8zyQci2FhhgU-YFA77ZbT-
0hD3o0NQ7aN_BaFVrHS4DYSh297eTYHIhNagDjFRS4Nny_8KaAFdcOV3a3jw_pVnpOg2Q95n2VvVqd1g
ug5pmjBjCNofpAGver3buIMxKsDV4y3TiFO97t2bSFKgghayz2z9jn_iOox2yn8Ol5nBw7mhVEndlx62
jrVCAVWJBMLjamuDG01XFNFgMwwZBkLvYaZGMRbrls_cQh"',
'True']
```

response.cookies가 쿠키 항아리^{Cookie Jar}라고 불리는 특별한 객체 타입이라는 것을 파이썬 인터프리터를 통해 볼 수 있다. 또한 이 객체는 새로운 요청으로 전달될 수 있다. 쿠키^{Cookie}로 다시 제출해 보겠다.

```
>>> second_response = requests.post(LOGIN_URL, data, cookies=html.cookies)
>>> second_response.url
'http://example.webscraping.com/places/default/index'
```

 쿠키란 무엇인가?
쿠키(Cookie)는 웹 사이트에서 보내는 HTTP 응답 헤더의 소량의 데이터로 Set-Cookie: session_id= example,과 같은 형태를 갖고 있다. 웹 브라우저는 쿠키 파일을 저장한 후 해당 웹 사이트에 후속 요청을 보낼 때 요청 헤더에 포함한다. 이를 통해 웹 사이트에서 사용자를 식별하고 추적할 수 있다.

성공했다. 제출된 폼 값이 승인됐고 **응답**은 홈페이지 URL이다. 초기 요청(html 변수에 저장됐다)의 폼 데이터와 일치하는 쿠키를 사용해야 한다는 점에 유의해야 한

다. 이전 예시 코드와 6장의 다른 로그인 예시는 https://github.com/knight76/
wswp/tree/master/code/chp6에서 다운로드할 수 있다.

웹 브라우저에서 쿠키를 로드하기

이전 예시에서 살펴 볼 수 있듯이 웹 사이트 서버의 로그인 세부 정보를 제출하는 방
법은 매우 어려울 수 있다. 다행히도 어려운 웹 사이트에 대한 로그인 제출에 대한
해결 방법이 있다. 웹 브라우저를 사용해 수동으로 웹 사이트에 로그인하고 파이썬
스크립트로 쿠키를 로드하고 재사용함으로써 자동으로 로그인되게 할 수 있다.

일부 웹 브라우저는 쿠키를 다른 포맷으로 저장하지만 파이어폭스와 크롬은 파이썬
으로 파싱할 수 있고 접근하기 쉬운 포맷인 sqlite 데이터베이스를 사용한다.

 SQLite는 매우 인기있는 오픈 소스 SQL 데이터베이스다. SQLite는 여러 플랫폼에 쉽게 설
치될 수 있으며 맥 OSX에 사전 설치돼 있다. 운영체제에서 SQLite를 다운로드한 후 설치하
려면 다운로드 페이지(https://www.sqlite.org/download.html)를 확인하거나 운영체제
가이드 문서를 검색한다.

쿠키를 살펴보려면(설치된 경우) sqlite3 커맨드를 실행한 후 쿠키 파일의 경로를 실
행할 수 있다(다음은 크롬의 예시다).

```
$ sqlite3 [크롬_브라우저가_설치된_경로]/Default/Cookies
SQLite version 3.19.3 2017-06-27 16:48:08
Enter ".help" for usage hints.
Connected to a transient in-memory database.
Use ".open FILENAME" to reopen on a persistent database.
sqlite> .tables
cookies meta
```

운영체제와 브라우저마다 쿠키 디렉터리가 다르다. 맥 High Siera OS 버전의 경

우 /Users/사용자_이름/Library/Application Support/Google/Chrome/Default/ Cookies 파일이 쿠키 데이터베이스다.

먼저 파일시스템을 검색하거나 브라우저를 검색하거나 운영체제를 검색해 브라우저의 설정 파일 경로를 검색해야 한다. SQLite에서 테이블 스키마를 보려면 .schema를 사용하고 다른 SQL 데이터베이스와 마찬가지로 구문 함수를 선택할 수 있다.

그리고 일부 브라우저(예, 파이어폭스)는 sqlite 데이터베이스에 쿠키를 저장하는 것 외에도 JSON 파일에 세션을 직접 저장한다. 파이썬을 사용해 해당 JSON 파일을 쉽게 파싱할 수 있다. 세션을 JSON 파일로 내보낼 수 있는 SessionBuddy와 같은 다양한 브라우저 플러그인이 있다. 로그인할 때 쿠키 구조체에 저장된 적절한 세션을 찾기만 하면 한다.

```
{"windows": [...
 "cookies": [
   {"host":"example.webscraping.com",
    "value":"514315085594624:e5e9a0db-5b1f-4c66-a864",
    "path":"/",
    "name":"session_id_places"}
 ...]
]}
```

다음은 requests 라이브러리를 사용해 파이어폭스 세션을 파싱해 파이썬 딕셔너리로 저장하는 함수를 소개한다.

```
def load_ff_sessions(session_filename):
  cookies = {}
  if os.path.exists(session_filename):
      json_data = json.loads(open(session_filename, 'rb').read())
      for window in json_data.get('windows', []):
          for cookie in window.get('cookies', []):
              cookies[cookie.get('name')] = cookie.get('value')
```

```
    else:
        print('Session filename does not exist:', session_filename)
    return cookies
```

이전 함수의 복잡성은 파이어폭스 세션 파일의 위치가 운영체제에 따라 달라진다는 점이다. 리눅스에서는 다음 경로에 존재할 것이다.

```
~/.mozilla/firefox/*.default/sessionstore.js
```

OS X에서는 다음 위치에 존재할 것이다.

```
~/Library/Application Support/Firefox/Profiles/*.default/sessionstore.js
```

또한 윈도우 비스타Vista 이상 버전에서는 다음 위치에 존재할 것이다.

```
%APPDATA%/Roaming/Mozilla/Firefox/Profiles/*.default/sessionstore.js
```

다음은 세션 파일의 경로를 리턴하는 도우미 함수다.[4]

```
import os, glob
def find_ff_sessions():
  paths = [
      '~/.mozilla/firefox/*.default',
      '~/Library/Application\ Support/Firefox/Profiles/*.default',
      '%APPDATA%/Roaming/Mozilla/Firefox/Profiles/*.default'
```

---

4 출간 당시에 구 버전의 파이어폭스에서 직접 실행하고 예시 코드의 실행이 가능했지만, 최신 파이어폭스에서는 보이지 않거나
   보안을 강화해 쉽게 파일을 볼 수 없도록 모질라-lz4(sessionstore.jslz4)로 압축돼 있어서 여러 예시가 동작되지 않을 수 있다.
   따라서 현재는 버전 업데이트로 추가된 보안 기능으로 인해 최신 버전의 파이어폭스에서는 이전 예시를 실행하는 것이 어려울
   수 있다.

```
]
for path in paths:
    filename = os.path.join(path, 'sessionstore.js')
    matches = glob.glob(os.path.expanduser(filename))
    if matches:
        return matches[0]
```

여기에 사용된 glob 모듈은 주어진 경로에 일치하는 모든 파일을 리턴한다. 다음은
브라우저 쿠키를 사용해 로그인하는 변경된 코드다.

```
>>> session_filename = find_ff_sessions()
>>> cookies = load_ff_sessions(session_filename)
>>> url = 'http://example.webscraping.com'
>>> html = requests.get(url, cookies=cookies)
```

세션이 성공적으로 로드됐는지 여부를 확인하려면 이전처럼 로그인 리디렉션에 의
존할 수 없다. 대신 결과 HTML을 스크래핑해서 로그인 사용자 레이블이 존재하는
지 확인한다. 결과가 Login이라면 세션을 올바르게 로드하지 못함을 의미한다. 이 경
우 파이어폭스 브라우저를 사용해 예시 웹 사이트에 이미 로그인돼 있는지 확인한
다. 브라우저 툴을 사용해 사이트의 **사용자 레이블**을 검사할 수 있다.

브라우저 툴을 통해 살펴보면 해당 레이블이 <ul> 태그의 "navbar" ID에 위치한다. navbar 태그는 2장, '데이터 스크래핑하기'에서 사용된 lxml 라이브러리로 쉽게 얻을 수 있다.

```
>>> tree = fromstring(html.content)
>>> tree.cssselect('ul#navbar li a')[0].text_content()
'Welcome example'
```

이 섹션의 코드는 매우 복잡했고 파이어폭스 브라우저에서 세션을 로딩하는 것만 지

원한다. 세션을 JSON 파일에 저장하는 기능을 지원하는 다양한 브라우저 애드온^{Add-}

^{on}과 확장 프로그램을 사용해 로그인 세션 데이터를 탐색할 수 있다.

다음 섹션에서는 파이썬으로 스크래핑할 때 브라우저 세션을 쉽게 활용할 수 있는 문서(http://docs.python-requests.org/en/master/user/advanced/#session-objects)를 기반으로 requests 라이브러리 고급 사용법을 살펴볼 것이다.

▌ 로그인 스크립트를 확장해 콘텐츠 변경하기

이제 스크립트를 통해 로그인할 수 있게 됐기 때문에 웹 사이트 국가 데이터를 변경하는 코드를 추가해 스크립트를 확장할 수 있다. 이 섹션에서 사용되는 코드는 https://github.com/knight76/wswp/blob/master/code/chp6/edit.py 또는 https://github.com/knight76/wswp/blob/master/code/chp6/login.py에서 확인할 수 있다. 아마도 각 국가 정보의 하단에 위치한 Edit 링크로 확인할 수 있었을 것이다.

로그인한 후 Edit 링크를 클릭하면 국가의 각 속성을 수정할 수 있는 페이지로 연결된다.

매번 수정할 때마다 인구를 한 사람씩 증가시키는 스크립트를 만들 것이다. 첫 번째 단계는 Session 객체를 활용하기 위해 **로그인 함수**를 재작성한다. 따라서 코드가 깨끗해지고 현재 세션에 계속 로그인할 수 있다. 새로운 코드는 다음과 같다.

```
def login(session=None):
    """ 예시 웹 사이트에 로그인한다.
        파라미터:
            session: request 라이브러리의 session 객체 또는 None
        returns tuple(response, session)
    """
    if session is None:
```

```
        html = requests.get(LOGIN_URL)
    else:
        html = session.get(LOGIN_URL)
    data = parse_form(html.content)
    data['email'] = LOGIN_EMAIL
    data['password'] = LOGIN_PASSWORD
    if session is None:
        response = requests.post(LOGIN_URL, data, cookies=html.cookies)
    else:
        response = session.post(LOGIN_URL, data)
    assert 'login' not in response.url
    return response, session
```

이제 로그인 폼은 세션과 상관 없이 동작할 것이다. 기본적으로 세션을 사용하지 않기 때문에 사용자가 쿠키를 활용해 로그인 상태를 유지할 것이다. 그러나 일부 폼에서는 문제가 될 수 있으므로 세션 기능을 추가하면 로그인 기능을 확장할 때 유용하다. 다음으로 parse_form( ) 함수를 재사용해 현재 국가의 현재 값을 읽어야 한다.

```
>>> from chp6.login import login, parse_form
>>> session = requests.Session()
>>> COUNTRY_URL = 'http://example.webscraping.com/places/default/edit/United-
Kingdom-239'
>>> response, session = login(session=session)
>>> country_html = session.get(COUNTRY_URL)
>>> data = parse_form(country_html.content)
>>> data
{'_formkey': 'd9772d57-7bd7-4572-afbd-b1447bf3e5bd',
'_formname': 'places/2575175',
'area': '244820.00',
'capital': 'London',
'continent': 'EU',
'country': 'United Kingdom',
'currency_code': 'GBP',
'currency_name': 'Pound',
```

```
'id': '2575175',
'iso': 'GB',
'languages': 'en-GB,cy-GB,gd',
'neighbours': 'IE',
'phone': '44',
'population': '62348448',
'postal_code_format': '@# #@@|@## #@@|@@# #@@|@@## #@@|@#@ #@@|@@#@ #@@|GIR0AA',
'postal_code_regex': '^(([A-Z]d{2}[A-Z]{2})|([A-Z]d{3}[A-Z]{2})|([A-Z]{2}d{2}
[A-Z]{2})|([A-Z]{2}d{3}[A-Z]{2})|([A-Z]erd[A-Z]d[A-Z]{2})|([A-Z]{2}d[A-Z]d[A-Z]
{2})|(GIR0AA))$',
'tld': '.uk'}
```

이제 인구를 한 명씩 늘려 변경 버전을 서버에 제출하자.

```
>>> data['population'] = int(data['population']) + 1
>>> response = session.post(COUNTRY_URL, data)
```

국가 페이지로 돌아가면 인구가 62,348,449명으로 증가했는지 확인할 수 있다.

Example web scraping website

National Flag:	
Area:	244,820 square kilometres
Population:	62,348,449
Iso:	GB
Country:	United Kingdom
Capital:	London
Continent:	EU
Tld:	.uk

또한 언제든지 다른 필드를 테스팅하고 수정할 수 있다. 웹 사이트의 데이터베이스는 매 시간 원래의 국가 데이터로 복원되기 때문에 데이터는 정상적으로 유지된다. 다른 예시로 환율Currency 필드를 수정하는 코드(https://github.com/knight76/wswp/blob/master/code/chp6/edit.py)가 있다. 또한 다른 국가를 수정할 수 있다.

여기에 설명된 예시는 엄격한 웹 스크래핑이 아니라 넓은 범위의 온라인 봇Bot에 해당된다. 사용한 폼 기술은 복잡한 폼과 상호 작용해 스크래핑하기 원하는 데이터에 접근하는 데도 적용할 수 있다. 스팸이나 악의적인 콘텐츠 봇이 아닌 선한 의도로 자동 폼을 사용하길 바란다.

Selenium으로 폼 자동화하기

실제 각 웹 사이트의 모든 폼을 테스팅하려면 상당한 양의 노력이 필요하다. 이런 노력은 5장, '동적 콘텐츠'에서 직접 실행한 작업을 Selenium을 사용해 최소화할 수 있다. Selenium은 브라우저 기반 솔루션이기 때문에 클릭, 스크롤링, 타이핑과 같은 많은 사용자 상호 작용을 사람처럼 수행할 수 있다. PhantomJS와 같은 헤드리스Headless 브라우저에서 사용하는 경우 전체 브라우저를 실행하는 것보다 오버 헤드가 적기 때문에 프로세스를 병렬화하고 확장할 수 있다.

 완벽한 브라우저를 사용하면 '인간'처럼 상호 작용하는 좋은 해결책이 될 수 있다. 특히 잘 알려진 브라우저 또는 다른 브라우저와 유사한 헤더를 사용하면 다른 로봇과 유사한 식별자를 사용할 수 있다.

Selenium을 사용하기 위해 로그인 스크립트와 수정 스크립트를 재작성하는 것은 매우 간단하지만 먼저 사용할 CSS 또는 XPath 식별자를 찾는 페이지를 찾아야 한다. 브라우저 툴을 사용해 로그인 폼과 국가 수정 폼의 CSS ID를 쉽게 식별할 수 있다.

이제 Selenium을 사용해 로그인과 수정 코드를 재작성할 수 있다.

먼저 드라이버를 얻은 후 로그인 방법을 작성할 것이다.

```python
from selenium import webdriver
from selenium.webdriver.common.keys import Keys
from selenium.webdriver.common.by import By
from selenium.webdriver.support.ui import WebDriverWait
from selenium.webdriver.support import expected_conditions as EC


def get_driver():
    try:
        return webdriver.PhantomJS()
    except Exception:
        return webdriver.Firefox()


def login(driver):
    driver.get(LOGIN_URL)
    driver.find_element_by_id('auth_user_email').send_keys(LOGIN_EMAIL)
    driver.find_element_by_id('auth_user_password').send_keys(
        LOGIN_PASSWORD + Keys.RETURN)
    pg_loaded = WebDriverWait(driver, 10).until(
        EC.presence_of_element_located((By.ID, "results")))
    assert 'login' not in driver.current_url
```

먼저 get_driver 함수는 PhantomJS 드라이버를 얻는다. PhantomJS를 서버에 설치하는 것이 더 빠르고 쉽기 때문이다. 실패하면 Firefox 드라이버를 사용한다. login 함수는 매개 변수로 전달된 driver 객체를 사용하고 브라우저 드라이버를 사용해 먼저 페이지를 로드한 후 드라이버의 send_keys 메소드를 사용해 식별된 입력 엘리먼트에 입력한다. Keys.RETURN은 리턴 키 신호를 보내며 많은 폼에서 폼을 제출하도록 사용된다.

또한 Selenium 명시적인 대기(WebDriverWait과 EC를 사용해 대기할 수 있는 조건을
제공하는 ExpectedConditions)를 활용해 특정 엘리먼트 또는 조건이 충족될 때까
지 브라우저에 대기하도록 알릴 수 있다. 이 경우 홈페이지에 로그인하면 CSS ID가
"results"인 엘리먼트가 표시된다. WebDriverWait 객체가 해당 엘리먼트를 로드할
때까지 10초 동안 기다리고 10초가 넘어가면 예외를 발생시킨다. 대기 상태를 쉽게
전환하거나 다른 예상 조건을 사용해 현재 로드 중인 페이지의 동작 방법을 일치시
킬 수 있다.

 Selenium 명시적인 대기에 대해 더 자세히 알고 싶다면 파이썬 바인딩 문서(http://
selenium-python.readthedocs.io/waits.html)를 살펴보길 추천한다. 명시적 대
기는 암시적 대기보다 Selenium에게 얼마나 기다려야 할지 정확히 알려주며 상호 작용할
페이지를 얼마나 로드했는지 확인할 수 있다.

이제 웹 드라이버를 얻고 사이트에 로그인할 수 있으므로 폼과 상호 작용하고 인구
를 변경해 보자.

```
COUNTRY_URL = 'http://example.webscraping.com/places/default/edit/
United-Kingdom-239'
```

```
def add_population(driver):
    driver.get(COUNTRY_URL)
    population = driver.find_element_by_id('places_population')
    new_population = int(population.get_attribute('value')) + 1
    population.clear()
    population.send_keys(new_population)
    driver.find_element_by_xpath('//input[@type="submit"]').click()
    pg_loaded = WebDriverWait(driver, 10).until(
        EC.presence_of_element_located((By.ID, "places_population__row")))
    test_population = int(driver.find_element_by_css_selector(
```

```
        '#places_population__row .w2p_fw').text.replace(',', ''))
    assert test_population == new_population
```

새로운 Selenium 기능으로 폼의 입력 값을 지우는 clear 메소드(필드의 끝에 추가하는 것이 아니다)를 사용했다. 또한 엘리먼트의 get_attribute 메소드를 사용해 페이지의 HTML 엘리먼트에서 특정 속성을 검색한다. HTML의 input 엘리먼트를 다루기 때문에 텍스트 속성을 검사하는 대신 value 속성을 얻어와야 한다.

이제 Selenium을 사용해 인구에 한 명을 추가하기 위한 모든 메소드를 갖게 됐다. 다음과 같이 스크립트를 실행하자.

```
>>> driver = get_driver()
>>> login(driver)
>>> add_population(driver)
>>> driver.quit()
```

assert문이 통과된 이후 이전 간단한 스크립트를 사용해 인구를 변경했다.

폼과 상호 작용할 수 있는 Selenium 사용 방법이 여러 개 더 있다. 문서를 읽으면서 추가로 실험하길 추천한다. Selenium은 save_screenshot을 사용해 브라우저가 로드한 내용을 볼 수 있기 때문에 문제가 있는 웹 사이트를 디버깅하는 데 특히 유용하다.

▌웹 스크래핑을 '인간'이 하는 것처럼 보여주는 방법

특정 행동을 통해 웹 스크래퍼를 감지하는 사이트가 있다. 5장, '동적 콘텐츠'에서는

---

5   허니팟(honeypot)은 비정상적인 접근을 탐지하기 위해 의도적으로 설치한 시스템을 말한다.

숨겨진 링크를 클릭하지 않고 허니팟^{honeypot5}을 피하는 방법을 다뤘다. 온라인에서 콘텐츠를 스크래핑할 때 인간이 하는 것과 비슷한 행동을 드러내는 몇 가지 팁이 있다.

- **헤더 활용**: 다뤘던 대부분의 스크래핑 라이브러리는 요청의 헤더를 변경할 수 있기에 User-Agent, Referrer, Host, Connection과 같은 헤더를 수정할 수 있다. 또한 Selenium과 같은 브라우저 기반 스크래퍼를 사용할 때 스크래퍼는 일반 헤더를 포함하는 일반 브라우저처럼 보일 것이다. 브라우저 툴을 열고 네트워크^{Network} 탭의 최근 요청 중 하나를 보고 브라우저에서 사용 중인 헤더를 언제든지 볼 수 있다. 브라우저 기반의 스크래퍼를 사용하면 웹 사이트에서 어떤 헤더를 기대하는지 알 수 있다.
- **지연 추가**: 일부 스크래퍼 감지 기술은 시간 정보를 활용해 폼이 너무 빨리 채워지거나 페이지 로드 후 링크가 너무 빨리 클릭되는지 여부를 확인한다. '인간'처럼 보이기 위해 폼과 상호 작용할 때 적절한 지연을 추가하거나 sleep을 사용해 요청 간에 지연을 추가한다. 따라서 서버의 과부하를 일으키지 않도록 사이트를 스크래핑하는 공손한 방법이기도 한다.
- **세션과 쿠키 사용**: 6장에서 설명한 것처럼 웹 스크래퍼에서 세션과 쿠키를 사용하면 웹 사이트를 더 쉽게 탐색할 수 있고 일반 브라우저처럼 보이게 한다. 세션과 쿠키를 로컬에 저장하면 저장한 데이터로 중단한 부분부터 다시 시작할 수 있다.

▎ 정리

웹 페이지를 스크래핑할 때 폼에서 상호 작용하는 기술이 필요하다. 6장에서는 두 가지 접근 방법을 다뤘다. 먼저 폼을 분석하고 예상되는 POST 요청을 수동으로 생성하고 브라우저 세션과 쿠키를 사용해 로그인 상태를 유지한다. 그리고 Selenium을 사용해 폼 상호 작용을 복제할 수 있다. 스크래퍼를 '인간'처럼 동작시킬 때 따라야 할 몇 가지 팁을 다뤘다.

7장에서는 폼 스킬 셋을 확장하고 **이미지 캡차**를 통과해야 하는 폼 제출 방법을 살펴볼 것이다.

07

캡차 해결하기

캡차CAPTCHA는 컴퓨터와 사람을 구분하기 위해 완전히 자동화한 공용 튜링 테스트 Completely Automated Public Turing test to tell Computers and Humans Apart의 약자다. 약자에서 알 수 있듯이 사용자가 사람인지 아닌지를 결정하는 테스트다. 일반적인 캡차는 왜곡된 텍스트로 구성돼 있고 컴퓨터 프로그램은 해석하기가 어렵지만 사람은 잘하면 읽을 수 있다.

많은 웹 사이트는 봇이 웹 사이트와 상호 작용하는 것을 막기 위해 캡차를 사용한다. 예를 들어 사용자가 은행 웹 사이트에 로그인할 때마다 은행 웹 사이트는 사용자에게 캡차를 입력하도록 한다. 7장에서는 캡차를 자동으로 해결하는 방법에 대해 설명한다. 먼저 광학 문자 인식OCR, Optical Character Recognition은 수행한 후 캡차 해결 API를 사용한다.

7장에서 알아볼 내용은 다음과 같다.

- 캡차 문제 해결하기
- 캡차 서비스 사용하기
- 머신 러닝으로 캡차 해결하기
- 에러 알리기

▌ 계정 등록하기

6장, '폼에서 상호 작용하기'에서 수동으로 생성된 계정을 사용해 예시 웹 사이트에 로그인했지만 등록 폼에서 캡차를 해결하기에 계정 생성 부분을 건너 뛰었다.

폼이 로드될 때마다 다른 캡차 이미지가 표시된다. 폼이 요구하는 것을 이해하기 위해 이전 장에서 개발된 parse_form( ) 함수를 재사용할 수 있다.

```
>>> import requests
>>> REGISTER_URL = 'http://example.webscraping.com/places/default/user/register'
>>> session = requests.Session()
>>> html = session.get(REGISTER_URL)
>>> form = parse_form(html.content)
>>> form
{'_formkey': '1ed4e4c4-fbc6-4d82-a0d3-771d289f8661',
'_formname': 'register',
'_next': '/',
'email': '',
'first_name': '',
'last_name': '',
'password': '',
'password_two': None,
'recaptcha_response_field': None}
```

이전 코드에 표시된 모든 필드는 recaptcha_response_field를 제외하고는 간단하다. 이 경우에는 초기 페이지 뷰에 표시된 **이상한 이미지**를 추출해야 한다.

캡차 이미지 로딩하기

캡차 이미지를 분석하기 전에 폼에서 캡차 이미지를 추출해야 한다. 브라우저 개발자 툴은 해당 이미지 데이터가 별도의 URL에서 로드되는 것이 아니라 웹 페이지에 추가됐음을 보여준다.

파이썬에서 이미지 작업을 수행하기 위해 다음 pip 커맨드를 사용해 Pillow 패키지를 설치한다.

```
pip install Pillow
```

Pillow를 설치하는 또 다른 방법은 http://pillow.readthedocs.io/en/latest/installation.html에 나와 있다.

Pillow는 캡차 이미지를 조작할 수 있는 여러 고급 메소드가 있는 편리한 Image 클래스를 제공한다. 다음은 등록 페이지의 HTML을 가져와 캡차 이미지를 Image 객체로 리턴하는 함수다.

```
from io import BytesIO
from lxml.html import fromstring
from PIL import Image
import base64
```

```python
def get_captcha_img(html):
    tree = fromstring(html)
    img_data = tree.cssselect('div#recaptcha img')[0].get('src')
    img_data = img_data.partition(',')[-1]
    binary_img_data = base64.b64decode(img_data)
    img = Image.open(BytesIO(binary_img_data))
    return img
```

이전 코드의 처음 몇 줄은 lxml을 사용해 폼에서 이미지 데이터를 추출한다. 이미지 데이터에는 데이터 타입을 정의하는 헤더가 포함된다. 해당 캡차 이미지는 ASCII 포맷의 이진 데이터를 나타나는 Base64 포맷으로 인코딩된 PNG 이미지다. 해당 헤더는 첫 번째 쉼표로 분할해 제거될 수 있다. 그리고 이미지 데이터를 Base64 포맷에서 원래의 바이너리 포맷으로 디코딩해야 한다. PIL로 이미지를 로드하려면 파일과 같은 인터페이스를 필요로 하기에 해당 바이너리 데이터는 BytesIO로 래핑된 후 Image 클래스로 전달된다.

이제 캡차 이미지를 더 유용한 포맷으로 생성하기에 텍스트를 추출할 준비가 됐다.

Pillow 대 PIL

Pillow는 2009년부터 업데이트되지 않았지만 많이 알려진 **PIL**(Python Image Library) 프로젝트를 포크한 신규 프로젝트다. 원래 PIL 패키지와 동일한 인터페이스를 사용하며 http://pillow.readthedocs.org에 잘 설명돼 있다. Pillow는 PIL과 달리 Python3을 지원한다. 그래서 이 책에서 Pillow를 사용한다.

▎광학 문자 인식

광학 문자 인식OCR, Optical Character Recognition은 이미지에서 텍스트를 추출하는 프로세스다. 이 섹션에서는 오픈 소스 Tesseract OCR 엔진을 사용한다. 이 엔진은 원래 HP 에서 개발됐으며 지금은 주로 구글에서 개발되고 있다. Tesseract 설치 가이드 문서 는 https://github.com/tesseract-ocr/tesseract/wiki에서 확인할 수 있다.

먼저 운영체제에서 tesseract 개발 라이브러리를 설치하고 pip로 pytesseract 래퍼 를 설치한다.

맥 OS에서는 다음과 같은 커맨드를 실행한다.

```
brew install tesseract
```

우분투나 데미안 계열에서는 다음과 같은 커맨드를 실행한다.

```
sudo apt-get install tesseract-ocr libtesseract-dev libleptonica-dev
```

이제 pip로 pytesseract 래퍼를 설치한다.

```
pip install pytesseract
```

원래 캡차 이미지가 pytesseract로 전달됐다면 결과는 끔찍하다.

```
>>> import pytesseract
>>> img = get_captcha_img(html.content)
>>> img
<PIL.PngImagePlugin.PngImageFile image mode=RGB size=256x96 at 0x104C14358>\
>>> pytesseract.image_to_string(img)
' '
```

빈 문자열이 리턴됐다는 것은 Tesseract에서 입력 이미지로부터 문자를 추출하지 못했음을 의미한다. Tesseract는 동일한 배경이 있는 책 페이지에서 일반적인 텍스트를 추출하도록 설계됐다. Tesseract를 효과적으로 사용하려면 배경 잡음을 제거하고 텍스트를 격리하기 위해 캡차 이미지를 먼저 수정해야 한다.

캡차 시스템을 잘 이해하기 위해 다음 일부 샘플을 살펴보자.

이전 이미지의 샘플은 배경이 더 밝을 때 캡차 텍스트가 항상 검은색임을 보여주고 있다. 따라서 텍스트를 각 픽셀로 확인하고 검은색으로만 유지함으로써 격리시킬 수 있다. 해당 과정은 **스레스홀딩**^{Thresholding}이라 알려져 있다. 이 과정은 Pillow를 사용해 간단하게 수행할 수 있다.

```
>>> img.save('captcha_original.png')
>>> gray = img.convert('L')
>>> gray.save('captcha_gray.png')
>>> bw = gray.point(lambda x: 0 if x < 1 else 255, '1')
>>> bw.save('captcha_thresholded.png')
```

먼저 convert 메소드를 사용해 이미지를 회색조로 변환했다. 그리고 이미지의 모든 픽셀을 반복하는 point 커맨드를 사용한 **람다 함수**에 이미지를 매핑했다. 해당 **람다 함수**에서는 1 미만의 스레스홀딩이 사용되며 완전히 검정색 픽셀만 유지한다. 이전 코드는 원본 캡차 이미지, 회색조 이미지, 스레스홀딩 이후 세 가지 이미지를 저장했다.

최종 이미지의 텍스트가 훨씬 명확해지고 Tesseract로 전달할 준비가 됐다.

```
>>> pytesseract.image_to_string(bw)
'strange'
```

성공했다. 캡차 텍스트가 성공적으로 추출됐다. 저자가 스레스홀딩으로 100개의 이미지를 테스트해보니 캡차 이미지를 82번이나 올바르게 해석했다.

샘플 텍스트는 항상 소문자 ASCII 문자이기에 결과를 다음 문자로 제한해 성능을 더 향상시킬 수 있다.

```
>>> import string
>>> word = pytesseract.image_to_string(bw)
>>> ascii_word = ''.join(c for c in word.lower() if c in string.ascii_lowercase)
```

동일한 샘플 이미지에 대한 테스트에서 성능이 100배에서 88배로 향상됐다.

지금까지 등록 스크립트의 전체 코드는 다음과 같다.

```
import requests
import string
import pytesseract
from lxml.html import fromstring
from chp6.login import parse_form
from chp7.image_processing import get_captcha_img, img_to_bw
```

```python
REGISTER_URL = 'http://example.webscraping.com/places/default/user/register'


def register(first_name, last_name, email, password):
    session = requests.Session()
    html = session.get(REGISTER_URL)
    form = parse_form(html.content)
    form['first_name'] = first_name
    form['last_name'] = last_name
    form['email'] = email
    form['password'] = form['password_two'] = password
    img = get_captcha_img(html.content)
    captcha = ocr(img)
    form['recaptcha_response_field'] = captcha
    resp = session.post(html.url, form)
    success = '/places/default/user/register' not in resp.url
    if not success:
        form_errors = fromstring(resp.content).cssselect('div.error')
        print('Form Errors:')
        print('n'.join(
            (' {}: {}'.format(f.get('id'), f.text) for f in form_errors)))
    return success




def ocr(img):
    bw = img_to_bw(img)
    captcha = pytesseract.image_to_string(bw)
    cleaned = ''.join(c for c in captcha.lower() if c in string.ascii_lowercase)
    if len(cleaned) != len(captcha):
        print('removed bad characters: {}'.format(set(captcha) - set(cleaned)))
    return cleaned
```

register( ) 함수는 등록 페이지를 다운로드하고 새로운 계정으로 원하는 이름, 이 메일, 암호를 설정해 평소처럼 폼을 생성한다. 그리고 캡차 이미지를 추출한 후 OCR 함수로 전달되며 그 결과가 폼에 추가된다. 그 다음 폼 데이터를 제출하고 응답 URL

을 확인해 등록이 성공했는지 여부를 확인한다.

만약 홈페이지로 올바르게 리디렉션되지 않는 실패가 발생한다면 더 긴 암호 또는 다른 이메일을 사용해야 하거나 캡차가 잘못될 수 있기에 폼 에러가 출력될 것이다. 또한 캡차 파서를 더 잘 만들 수 있도록 제거한 문자를 출력하는 디버깅을 수행할 수 있다. 해당 로그는 알파벳 l을 실수로 숫자 1로 잘못 입력하는 것과 같이 유사한 OCR 에러를 식별하는 데 도움을 준다. 비슷하게 에러를 발생시키지 않고 그림 문자를 정확하게 구분할 때 필요하다.

이제 계정을 등록할 때 register() 함수에 새로운 계정에 대한 세부 정보를 포함해 호출한다.

```
>>> register(first_name, last_name, email, password)
True
```

추가 개선 사항

다음처럼 챕차 OCR 성능을 향상시킬 수 있는 다양한 개선 사항이 존재할 수 있다.

- 다른 스레스홀딩 레벨 실험하기
- 문자의 모양을 강조해 스레스홀딩을 강조하기
- 이미지 크기를 조정하기(때로는 이미지 크기를 늘리는 데 도움이 된다)
- 챕차 폰트로 OCR 툴을 트레이닝하기
- 결과를 사전 단어로 제한하기

성능을 향상할 수 있는 실험에 관심이 있다면 http://github.com/knight76/wswp/blob/master/data/captcha_samples의 샘플 데이터를 사용할 수 있다. http://github.com/knight76/wswp/blob/master/code/chp7/test_samples.py에서 정확성을 테스트하는 스크립트도 있다. 그러나 실제 사용자가 캡차 텍스트를 입력할 때

실수를 범할 수 있기 때문에 현재 88%의 정확성은 계정 등록 목적으로 충분하다. 성공할 때까지 스크립트를 여러 번 실행할 수 있다는 부분에서 10%의 정확성도 충분할 수 있다. 그러나 서버에 계속 계정 등록 요청을 보내기 때문에 IP가 차단될 수 있다.

▌복잡한 캡차 해결

지금까지 테스트된 캡차 시스템은 비교적 간단하게 해결될 수 있다. 검정색 폰트 색상으로 인해 텍스트를 배경과 쉽게 구분할 수 있었고 텍스트는 수평적이어서 Tesseract가 정확하게 해석할 수 있었다. 따라서 이미지를 회전할 필요가 없었다. 종종 이와 유사한 간단한 캡차 시스템을 사용해 웹 사이트를 찾을 수 있다. 이러한 경우 OCR 솔루션이 실용적이다. 그러나 웹 사이트가 구글의 reCAPTCHA와 같이 더 복잡한 시스템을 사용하는 경우 OCR에 많은 노력을 해야 하고 때로는 해결하지 못할 수 있다.

이 예시에서는 텍스트가 다른 각도, 폰트, 색상으로 배치되므로 OCR이 해결할 수 있도록 이미지를 정리하고 사전 처리하기 위한 더 많은 작업을 수행해야 한다. 이렇게 개선된 캡차는 때로는 사람들이 해석하기도 어려울 수 있기에 간단한 스크립트로 푸는 것은 훨씬 어렵다.

▌캡차 해결 서비스 사용하기

이런 복잡한 이미지를 해결하기 위해 캡차 해결 서비스를 사용할 수 있다. https://2captcha.com/과 https://de-captcher.com/과 같은 캡차 해결 서비스가 많이 존재하며 약 1,000개의 캡차에 대한 해결 요금은 0.50달러부터 2달러 다양하다. 캡차 이미지를 캡차 해결 API로 전달하면 특정 사용자가 수동으로 이미지를 검사하고 HTTP 응답에 파싱된 텍스트를 일반적으로 30초 이내에 제공한다.

이 섹션의 예시에서는 9kw(https://9kw.eu/) 서비스를 사용한다. 9kw 서비스는 캡차 속도 또는 가장 잘 설계된 API를 갖고 있기에 가장 저렴하지 않다. 그러나 돈을 들이지 않고도 API를 사용할 수 있는 크레딧을 제공받을 수 있다. 이는 9kw 사용자가 직접 캡차를 해결하면 9kw 서비스의 API를 자체 캡차를 테스트하는 데 사용할 수 있기 때문이다.

9kw 시작하기

9kw 사용을 시작하려면 먼저 https://www.9kw.eu/register.html에서 계정을 생성해야 한다.

그리고 계정 확인 지침을 따라 로그인한 후 https://www.9kw.eu/usercaptcha.html으로 접근한다.

해당 페이지에서 다른 사람들의 캡차를 해결하면 나중에 API 호출에 사용할 크레딧을 구축할 수 있다. 캡처 몇 개를 해결한 후 https://www.9kw.eu/index.cgi?action=userapinew&source=api로 이동해 API 키를 생성한다.

9kw 캡차 API

9kw API는 https://www.9kw.eu/api.html#apisubmit-tab에 문서화돼 있다. 캡차를 제출하고 결과를 확인하는 중요한 목적은 9kw API 메소드 및 매개 변수를 사용하는 것이다.

```
URL: https://www.9kw.eu/index.cgi (POST)
    apikey: your API key
    action: must be set to "usercaptchaupload"
    file-upload-01: the image to solve (either a file, url or string)
```

base64: set to "1" if the input is Base64 encoded

maxtimeout: the maximum time to wait for a solution (must be between 60 - 3999 seconds)

selfsolve: set to "1" to solve this CAPTCHA yourself

json: set to "1" to receive responses in JSON format

API return value: ID of this CAPTCHA

To request the result of submitted captcha, you need to use a different API method with different parameters:

URL: https://www.9kw.eu/index.cgi (GET)

apikey: your API key

action: must be set to "usercaptchacorrectdata"

id: ID of CAPTCHA to check

info: set to "1" to return "NO DATA" when there is not yet a solution (by default, returns nothing)

json: set to "1" to receive responses in JSON format

API return value: Text of the solved CAPTCHA or an error code

The API also has several error codes:

0001 API key doesn't exist

0002 API key not found

0003 Active API key not found

...

0031 An account is not yet 24 hours in the system.

0032 An account does not have the full rights.

0033 Plugin needs an update.

다음은 이 API에 캡차 이미지를 보내는 초기 구현이다.

```python
import requests

API_URL = 'https://www.9kw.eu/index.cgi'

def send_captcha(api_key, img_data):
    data = [
        'action': 'usercaptchaupload',
```

```
        'apikey': api_key,
        'file-upload-01': img_data,
        'base64': '1',
        'selfsolve': '1',
        'maxtimeout': '60',
        'json': '1',
    }
    response = requests.post(API_URL, data)
    return response.content
```

이 구조에 잘 익숙해야 한다. 먼저 필요한 매개 변수로 사전을 생성하고 인코딩한 다음 요청 본문에 데이터를 제출한다. selfsolve 옵션이 '1'로 설정된다는 것에 유의한다. 이 뜻은 현재 9kw 웹 인터페이스에서 캡차를 할 경우 캡차 이미지를 해결할 수 있도록 전달될 수 있음을 의미한다. 로그인하지 않으면 캡차 이미지가 다른 사용자에게 전달돼 해결될 수 있다.

다음은 해결된 캡차 이미지의 결과를 가져오는 코드다.

```
def get_captcha_text(api_key, captcha_id):
    data = {
        'action': 'usercaptchacorrectdata',
        'id': captcha_id,
        'apikey': api_key,
        'json': '1',
    }
    response = requests.get(API_URL, data)
    return response.content
```

9kw API의 한 가지 단점은 에러 메시지가 결과와 동일한 JSON 필드에 전송된다는 점이다. 해당 에러 메시지는 더 복잡한 것을 구별한다. 예를 들어 시간 내에 캡차 이미지를 해결할 수 있는 사용자가 없는 경우 ERROR NO USER 문자열이 리턴된다. 다행히도 제출된 보안 문자 이미지는 텍스트를 결코 포함하지 않는다.

이전에 언급한 대로 다른 사용자가 캡차 이미지를 직접 해결할 때까지 기다리다가 보통 30초 이후에 타임아웃이 발생할 수 있다. 즉 get_captcha_text( )에서 에러 메시지를 리턴하는 어려움이 존재한다.

구현을 더욱 친숙하게 하려면 캡차 이미지를 제출하고 결과가 준비될 때까지 기다리는 래퍼 함수를 추가한다. 다음은 재사용 가능한 클래스에서 해당 함수를 래핑해 에러 메시지를 확인하는 확장된 버전을 설명한다.

```python
import base64
import re
import time
import requests
from io import BytesIO


class CaptchaAPI:
    def __init__(self, api_key, timeout=120):
        self.api_key = api_key
        self.timeout = timeout
        self.url = 'https://www.9kw.eu/index.cgi'

    def solve(self, img):
        """ 챕차를 제출하고 준비되면 결과를 리턴한다"""
        img_buffer = BytesIO()
        img.save(img_buffer, format="PNG")
        img_data = img_buffer.getvalue()
        captcha_id = self.send(img_data)
        start_time = time.time()
        while time.time() < start_time + self.timeout:
            try:
                resp = self.get(captcha_id)
            except CaptchaError:
                pass # 챕차는 여선히 순비뇌시 않았나.
            else:
```

```python
                if resp.get('answer') != 'NO DATA':
                    if resp.get('answer') == 'ERROR NO USER':
                        raise CaptchaError(
                            'Error: no user available to solve CAPTCHA')
                    else:
                        print('CAPTCHA solved!')
                        return captcha_id, resp.get('answer')
            print('Waiting for CAPTCHA ...')
            time.sleep(1)
        raise CaptchaError('Error: API timeout')


    def send(self, img_data):
        """캡차를 해결하기 위해 캡차를 보낸다"""
        print('Submitting CAPTCHA')
        data = {
            'action': 'usercaptchaupload',
            'apikey': self.api_key,
            'file-upload-01': base64.b64encode(img_data),
            'base64': '1',
            'selfsolve': '1',
            'json': '1',
            'maxtimeout': str(self.timeout)
        }
        result = requests.post(self.url, data)
        self.check(result.text)
        return result.json()


    def get(self, captcha_id):
        """해결된 캡차 결과를 얻는다"""
        data = {
            'action': 'usercaptchacorrectdata',
            'id': captcha_id,
            'apikey': self.api_key,
            'info': '1',
            'json': '1',
        }
```

```python
        result = requests.get(self.url, data)
        self.check(result.text)
        return result.json()

    def check(self, result):
        """API 결과를 확인해서 에러 코드를 발견하면 에러를 발생시킨다"""
        if re.match('00dd w+', result):
            raise CaptchaError('API error: ' + result)

    def report(self, captcha_id, correct):
        """캡차가 맞든 틀린든 응답 결과를 알려준다"""
        data = {
            'action': 'usercaptchacorrectback',
            'id': captcha_id,
            'apikey': self.api_key,
            'correct': (lambda c: 1 if c else 2)(correct),
            'json': '1',
        }
        resp = requests.get(self.url, data)
        return resp.json()


class CaptchaError(Exception):
    pass
```

CaptchaAPI 클래스의 소스는 http://github.com/knight76/wswp/blob/master/
code/chp7/captcha_api.py에서도 사용될 수 있으며, 9kw.eu에서 API를 수정하
면 해당 코드도 변경해야 한다. CaptchaAPI 클래스는 API 키와 타임아웃(기본적으로
120초)으로 생성된다. 그리고 solve() 메소드는 캡차 이미지를 API에 제출하고 캡차
이미지가 해결되거나 타임아웃이 발생할 때까지 9kw 서버를 계속 요청한다.

API 응답의 에러 메시지를 확인하기 위해 check() 메소드는 에러 메시지 앞의 에러
문자의 첫 번째 문자가 네 자리 숫자 포맷인지 확인한다. check() 메소드를 더욱 강
력하게 사용하려면 34가지 에러 타입을 처리하는 메소드로 확장할 수 있다.

다음은 CaptchaAPI 클래스로 캡차 이미지를 해결하는 예시다.

```
>>> API_KEY = ...
>>> captcha = CaptchaAPI(API_KEY)
>>> img = Image.open('captcha.png')
>>> captcha_id, text = captcha.solve(img)
Submitting CAPTCHA
Waiting for CAPTCHA ...
Waiting for CAPTCHA ...
Waiting for CAPTCHA ...
Waiting for CAPTCHA ...
Waiting for CAPTCHA ...
Waiting for CAPTCHA ...
Waiting for CAPTCHA ...
Waiting for CAPTCHA ...
Waiting for CAPTCHA ...
Waiting for CAPTCHA ...
Waiting for CAPTCHA ...
CAPTCHA solved!
>>> text
juxhvgy
```

이전 코드는 7장의 앞부분에서 설명한 복잡한 캡차 이미지에 대한 올바른 해결책이다. 곧 같은 캡차 이미지가 다시 제출되면 캐싱된 결과가 즉시 리턴되며 추가 크레딧이 사용되지 않는다.

```
>>> captcha_id, text = captcha.solve(img_data)
Submitting CAPTCHA
>>> text
juxhvgy
```

에러 알림

9kw.eu와 같은 대부분의 캡차 해결 서비스는 해결된 캡차로 이슈를 보고하고 해결된 캡차 텍스트로 웹 사이트에서의 동작 여부에 대한 피드백을 제공한다. CaptchaAPI 클래스에 report 메소드가 있다는 것을 이미 알고 있을 것이다. report 메소드에 **캡차 ID**를 전달하면 캡차가 맞는지 여부를 불린 값으로 확인한다. 그리고 캡차의 정확성을 알리는 엔드 포인트로 데이터를 전송한다. 예시의 경우 등록 폼이 성공했는지 실패했는지를 확인해 캡차가 정확한지 판단할 수 있다.

사용하는 API에 따라 잘못된 캡차를 알려주면 크레딧을 돌려받을 수 있다. 이는 서비스 비용을 지불하려 할 때 유용하다. 물론 이는 남용될 수 있어서 일반적으로 매일 에러 보고서에 상한선이 있다. 크레딧을 받는 것과 상관 없이 올바르거나 잘못된 캡차를 알려주면 캡차 해결 솔루션은 서비스를 개선하고 잘못된 솔루션에 대해 추가 비용을 지불하지 않아도 된다.

등록과 통합하기

이제 캡차 API 솔루션을 사용할 수 있게 됐기 때문에 이전 폼과 통합할 수 있다. 다음은 CaptchaAPI 클래스를 사용하는 수정된 register() 함수다.

```
from configparser import ConfigParser
import requests

from lxml.html import fromstring
from chp6.login import parse_form
from chp7.image_processing import get_captcha_img
from chp7.captcha_api import CaptchaAPI

REGISTER_URL = 'http://example.webscraping.com/places/default/user/register'
```

```
def get_api_key():
    config = ConfigParser()
    config.read('../config/api.cfg')
    return config.get('captcha_api', 'key')


def register(first_name, last_name, email, password):
    session = requests.Session()
    html = session.get(REGISTER_URL)
    form = parse_form(html.content)
    form['first_name'] = first_name
    form['last_name'] = last_name
    form['email'] = email
    form['password'] = form['password_two'] = password
    api_key = get_api_key()
    img = get_captcha_img(html.content)
    api = CaptchaAPI(api_key)
    captcha_id, captcha = api.solve(img)
    form['recaptcha_response_field'] = captcha
    resp = session.post(html.url, form)
    success = '/user/register' not in resp.url
    if success:
        api.report(captcha_id, 1)
    else:
        form_errors = fromstring(resp.content).cssselect('div.error')
        print('Form Errors:')

        print('n'.join(
            (' {}: {}'.format(f.get('id'), f.text) for f in form_errors)))
        if 'invalid' in [f.text for f in form_errors]:
            api.report(captcha_id, 0)
    return success
```

이전 코드에서 알 수 있듯 새로운 CaptchaAPI를 사용하고 있고 API 서버에 에러와 성공을 알린다. 그리고 ConfigParser를 사용해 API 키를 저장소에 저장하지 않는 대신 설정 파일에서 참조한다. 설정 파일의 예를 보려면 저장소(http://github.com/knight76/wswp/blob/master/code/example_config.cfg)를 확인한다. API 키를 환경 변수로 저장하거나 컴퓨터 또는 서버의 안전한 저장소에 저장할 수도 있다.

이제 새로운 레지스터 함수를 시도할 수 있다.

```
>>> register(first_name, last_name, email, password)
Submitting CAPTCHA
Waiting for CAPTCHA ...
Waiting for CAPTCHA ...
Waiting for CAPTCHA ...
Waiting for CAPTCHA ...
Waiting for CAPTCHA ...
Waiting for CAPTCHA ...
Waiting for CAPTCHA ...
True
```

잘 동작한다. 폼에서 캡차 이미지가 성공적으로 추출됐다. 그리고 9kw API에 제출돼 다른 사용자가 수동으로 해결했고 그 결과가 웹 서버로 제출돼 새 계정이 등록됐다.

캡차와 머신 러닝

딥 러닝과 이미지 인식이 발전함에 따라 이미지의 텍스트와 객체를 올바르게 식별하는 데 컴퓨터의 기능이 향상되고 있다. 딥 러닝 이미지 인식 방법을 캡차에 적용하는 몇 가지 흥미로운 논문과 프로젝트가 있었다. 한 파이썬 기반 프로젝트(https://github.com/arunpatala/captcha)는 PyTorch를 사용해 캡차의 대규모 데이터셋으로부터 해석 모델을 트레이닝한다. 2012년 6월, Claudia Cruz, Fernando Uceda, Leobardo Reyes(멕시코 출신의 학생 단체)는 reCAPTCHA 이미지에 대해 82%의 해석 정확도를 가진 논문을 발표했다(http://dl.acm.org/citation.cfm?id=

2367894). 다른 여러 연구와 해킹 시도가 있었고 특히 캡차 이미지에 자주 포함되는 오디오 엘리먼트(접근하기 쉽도록 포함됨)를 대상으로 한 시도와 해킹 시도가 있었다.

OCR 또는 API 기반 캡차 서비스가 더 이상 필요하지 않을 수도 있다. 캡차는 웹 스크래핑을 위해 캡차를 해결하기 위한 것이지만, 자신만의 모델을 재미있게 익히기 위해 호기심을 갖고 있다면 먼저 제대로 디코딩된 캡차의 대용량 데이터셋을 생성한다. 딥 러닝과 컴퓨터 비전은 빠르게 발전하는 분야며, 이 책이 출간된 이후로 더 많은 연구와 프로젝트가 나오고 있을 것이다.

▌ 정리

7장에서는 OCR을 사용해 캡차를 해결한 후, 외부 API를 사용해 캡차를 해결하는 방법을 보여줬다. 간단한 캡차 또는 많은 양의 캡차를 해결해야 할 때 OCR 솔루션에 투자하는 것이 가치가 있다. 그렇지 않으면 캡차 해석 API를 사용하는 것이 비용을 아끼는 대안이 될 수 있다.

8장에서는 스크래핑 애플리케이션을 구축하는 데 사용되는 인기 있는 상위 프레임워크인 Scrapy를 소개한다.

08

Scrapy

Scrapy는 웹 사이트를 손쉽게 스크래핑할 수 있는, 하이 레벨의 인기있는 웹 스크래핑 및 크롤링 프레임워크다. 8장에서는 2장, '데이터 스크래핑하기'에서 스크래핑한 것처럼 Scrapy로 예시 웹 사이트를 스크래핑하는 방법을 살펴볼 것이다. 그리고 포인트 앤 클릭 인터페이스Point-and-Click Interfaces를 통해 웹 사이트를 스크래핑할 수 있는 Scrapy 기반 애플리케이션인 Portia를 살펴 볼 것이다.

8장에서 알아볼 내용은 다음과 같다.

- Scrapy 시작하기
- 스파이더 생성하기
- 다른 스파이더 타입 비교하기
- Scrapy로 크롤링하기

- Portia로 보면서 스크래핑하기
- Scrapely로 자동 스크래핑하기

▌Scrapy 설치

Scrapy는 다음과 같이 pip 커맨드를 사용해 설치할 수 있다.

```
pip install scrapy
```

Scrapy는 외부 라이브러리를 의존하기 때문에 외부 라이브러리 설치에 문제가 발생
하면 http://doc.scrapy.org/en/latest/intro/install.html에서 추가 정보를 얻을 수
있다.

Scrapy가 올바르게 설치되면 이제 터미널에서 **scrapy** 커맨드를 사용할 수 있다.

```
$ scrapy
Scrapy 1.5.1 - no active project

Usage:
  scrapy <command> [options] [args]

Available commands:
  bench         Run quick benchmark test
  fetch         Fetch a URL using the Scrapy downloader
  genspider     Generate new spider using pre-defined templates
  runspider     Run a self-contained spider (without creating a project)
  settings      Get settings values
  shell         Interactive scraping console
  startproject  Create new project
  version       Print Scrapy version
```

```
view          Open URL in browser, as seen by Scrapy

[ more ]      More commands available when run from project directory

Use "scrapy <command> -h" to see more info about a command
```

8장에서는 다음 scrapy 커맨드를 사용한다.

- startproject: 새로운 프로젝트를 생성한다.
- genspider: 템플릿에서 새 스파이더를 생성한다.
- crawl : 스파이더를 실행한다.
- shell: 대화형 스크래핑 콘솔을 시작한다.

> ℹ️ 이전 scrapy 커맨드와 사용 가능한 다른 scrapy 커맨드에 대한 자세한 내용은 http://doc.scrapy.org/en/latest/topics/commands.html을 참조한다.

▎ 프로젝트 시작하기

Scrapy를 설치했기에 startproject 커맨드를 실행해 첫 번째 Scrapy 프로젝트의 기본 구조를 생성할 수 있다.

먼저 터미널을 열고 Scrapy 프로젝트를 저장할 디렉터리로 이동한 후, scrapy startproject 〈프로젝트_이름〉을 실행한다. 다음은 프로젝트 이름에 예시를 사용한다.

```
$ scrapy startproject example
$ cd example
```

다음은 scrapy 커맨드로 생성된 파일이다.

```
scrapy.cfg
example/
    __init__.py
    items.py
    middlewares.py
    pipelines.py
    settings.py
    spiders/
        __init__.py
```

8장의 중요한 파일(일반적으로 Scrapy에서 사용한다)은 다음과 같다.

- `items.py`: 해당 파일은 스크래핑할 필드의 모델을 정의한다.
- `settings.py`: 해당 파일은 사용자 에이전트와 크롤링 지연과 같은 설정을 정의한다.
- `spiders/`: 실제 스크래핑과 크롤링 코드는 spiders 디렉터리에 저장된다.

또한 Scrapy는 프로젝트를 설정하기 위해 `scrapy.cfg`를, 스크래핑 필드를 처리하기 위해 `pipelines.py`를, 요청과 응답 미들웨어를 제어하기 위해 `middlewares.py`를 사용하지만 이 예시에서는 수정할 필요가 없다.

모델 정의하기

기본적으로 example/items.py에는 다음 코드가 포함돼 있다.

```
# -*- coding: utf-8 -*-
# Define here the models for your scraped items
#
# See documentation in:
```

```
# http://doc.scrapy.org/en/latest/topics/items.html

import scrapy

class ExampleItem(scrapy.Item):
    # define the fields for your item here like:
    # name = scrapy.Field()
    pass
```

ExampleItem 클래스는 예시 국가 페이지에서 추출하려는 세부 정보로 대체해야 하는 템플릿이다. 지금부터 모든 국가 세부 사항보다 국가 이름과 인구를 스크래핑할 것이다. 다음은 이를 지원하는 업데이트된 모델이다.

```
class CountryItem(scrapy.Item):
    name = scrapy.Field()
    population = scrapy.Field()
```

 Scrapy 아이템 정의에 대한 전체 문서는 http://doc.scrapy.org/en/latest/topics/items.html에서 살펴볼 수 있다.

스파이더 생성하기

이제 Scrapy에서 **스파이더**Spider로 알려진 실제 크롤링 및 스크래핑 코드를 빌드할 수 있다. genspider 커맨드로 초기 템플릿을 생성할 수 있고 호출하길 원하는 스파이더, 도메인, 옵션 템플릿 이름을 받는다.

```
$ scrapy genspider country example.webscraping.com --template=crawl
```

Scrapy 라이브러리의 CrawlSpider를 사용하는 내장 crawl 템플릿을 사용했다. Scrapy의 CrawlSpider는 간단한 스크래핑하는 스파이더가 아닌 웹을 크롤링할 때 사용할 수 있는 특별한 속성과 메소드를 갖고 있다.

genspider 커맨드를 실행하면 example/spiders/country.py에 다음 코드가 생성된다.

```python
# -*- coding: utf-8 -*-
import scrapy
from scrapy.linkextractors import LinkExtractor
from scrapy.spiders import CrawlSpider, Rule


class CountrySpider(CrawlSpider):
    name = 'country'
    allowed_domains = ['example.webscraping.com']
    start_urls = ['http://example.webscraping.com']

    rules = (
        Rule(LinkExtractor(allow=r'Items/'), callback='parse_item', follow=True),
    )

    def parse_item(self, response):
        i = {}
        #i['domain_id'] = response.xpath('//input[@id="sid"]/@value').extract()
        #i['name'] = response.xpath('//div[@id="name"]').extract()
        #i['description'] = response.xpath('//div[@id="description"]').extract()
        return i
```

첫 번째 라인은 필요한 Scrapy 라이브러리와 인코딩 정의를 임포트한다. 그리고 다음 클래스 속성을 포함하는 스파이더용 클래스가 작성된다.

- name: 스파이더를 식별하는 문자열
- allowed_domains: 크롤링할 수 있는 도메인 목록 – 설정하지 않으면 모든

도메인을 크롤링할 수 있다.

- start_urls: 크롤링을 시작할 URL 목록이다.
- rules: 해당 속성은 크롤러에게 따라야 할 링크와 스크래핑할 유용한 콘텐츠가 포함된 링크를 가르키는 정규식으로 정의된 Rule 객체의 튜플Tuple 이다.

정의된 Rule에는 callback 속성에 parse_item을 콜백으로 설정한 것을 알 수 있다. parse_item 메소드는 바로 아래에 정의됐다. parse_item 메소드는 CrawlSpider 객체의 주요 데이터 추출 메소드이며 해당 메소드 내에서 생성된 Scrapy 코드에는 페이지에서 콘텐츠를 추출하는 예시를 포함한다.

Scrapy는 하이레벨의 프레임워크이기 때문에 몇 라인의 코드만으로 많은 작업이 진행된다. 공식 문서(http://doc.scrapy.org/en/latest/topics/spiders.html)에는 스파이더를 만드는 것에 대한 자세한 내용이 있다.

설정 튜닝

생성된 크롤링 스파이더를 실행하기 전에 스파이더가 웹 페이지 서버로부터 차단되지 않도록 스캔 설정을 변경해야 한다. 기본적으로 Scrapy는 다운로드 지연 없이 특정 도메인에서 최대 16개의 병렬 다운로드를 허용하며 실제 사용자가 검색하는 것보다 훨씬 빠르다. 따라서 Scrapy 동작을 서버에서 감지하고 차단하기 쉽다.

1장에서 언급했듯이 스크래핑할 예시 웹 사이트는 초당 하나의 요청보다 빠른 속도로 다운로드하는 크롤러를 일시적으로 차단하도록 구성돼 있어서 Scrapy의 기본 설정을 사용하면 스파이더가 차단된다. 따라서 예시 웹 사이트를 로컬에서 실행하는 경우가 아니라면 두 라인을 example/settings.py에 추가해 크롤러가 한 번에 도메인당 단일 요청만 다운로드하고 다운로드 간에 5초의 지연이 발생하는 것이 좋다.

```
CONCURRENT_REQUESTS_PER_DOMAIN = 1
DOWNLOAD_DELAY = 5
```

문서에서 해당 설정을 검색하고 찾을 수 있다. 이전 값으로 수정하거나 주석으로 처리할 수도 있다. Scrapy는 크롤러를 쉽게 감지하고 차단할 수 있기 때문에 요청 간에 이러한 정확한 지연을 사용하지 않는다. 대신 요청 사이의 지연 시간 내 임의의 오프셋을 추가한다.

 설정을 튜닝하는 내용과 사용 가능한 많은 설정에 대한 자세한 내용은 http://doc.scrapy.org/en/latest/topics/settings.html을 참조한다.

스파이더 테스트

커맨드라인에서 스파이더를 실행할 때 crawl 커맨드에 스파이더의 이름을 함께 사용한다.

```
$ scrapy crawl country -s LOG_LEVEL=ERROR
$
```

이 책을 번역하는 시점에서 파이썬 3.7에서 기본 모듈로 실행할 때 scrapy를 실행할 때 잘 동작하지 않고 문법 에러를 발생한다. 현재 Scrapy 깃허브에서 파이썬 3.7을 지원할 예정이다(https://github.com/scrapy/scrapy/issues/3143). 만약 잘 동작이 되지 않으면 다음과 같은 커맨드를 사용하면 스파이더가 잘 동작한다.

```
pip install parsel==1.5
pip install git+https://github.com/scrapy/scrapy@master --no-dependencies
--upgrade
)
```

스크립트는 출력 없이 완료될 때까지 실행된다. -s LOG_LEVEL=ERROR 플래그에 주의한다. 이는 Scrapy 설정이며 settings.py 파일에서 LOG_LEVEL = 'ERROR'를 정의하는 것과 같다. 기본적으로 Scrapy는 모든 로그 메시지를 터미널에 출력하기에 커맨드라인에서 에러 레벨을 변경하면 에러 메시지가 격리된다. 따라서 커맨드라인의 출력은 스파이더가 에러없이 완료됐다는 것을 의미하지 않는다.

실제로 페이지에서 일부 내용을 스크래핑하려면 스파이더 파일에 몇 라인을 추가해야 한다. 아이템을 생성하고 추출하려면 먼저 CountryItem을 사용해 크롤러 룰^{Rule}을 변경해야 한다. 다음은 스파이더의 업데이트 버전이다.

```
from example.items import CountryItem
    ...

    rules = (
        Rule(LinkExtractor(allow=r'/index/'), follow=True),
        Rule(LinkExtractor(allow=r'/view/'), callback='parse_item')
    )

    def parse_item():
        i = CountryItem()
        ...
```

구조화된 데이터를 추출하려면 이전에 만든 CountryItem 클래스를 사용해야 한다. 추가된 코드를 살펴보면 클래스를 임포트하고 parse_item 메소드에서 객체를 i(또는 아이템)로 인스턴스화한다.

또한 스파이더가 데이터를 찾아서 추출할 수 있도록 룰을 추가해야 한다. 기본 룰은 예시 사이트에서 일치하지 않는 URL 패턴 r'/Items'를 검색했다. 대신 예시 사이트에 대해 이미 알고 있는 두 가지 룰을 새로 생성할 수 있다. 첫 번째 룰은 인덱스 페이지를 크롤링하고 링크를 따라간다. 두 번째 룰은 국가 페이지를 크롤링하고 스크래핑하기 위해 다운로드된 응답을 callback 함수에 전달한다.

개선한 스파이더의 로그 레벨을 DEBUG로 설정하고 더 많은 크롤링 메시지를 표시할 때 어떤 일이 발생하는지 살펴보자.

```
$ scrapy crawl country -s LOG_LEVEL=DEBUG
...
2018-12-23 11:52:42 [scrapy.core.engine] DEBUG: Crawled (200) <GET     http://
example.webscraping.com/view/Belize-23> (referer: http://example.webscraping.
com/index/2)
2018-12-23 11:52:49 [scrapy.core.engine] DEBUG: Crawled (200) <GET http://
example.webscraping.com/view/Belgium-22> (referer: http://example.webscraping.
com/index/2)
2018-12-23 11:52:53 [scrapy.extensions.logstats] INFO: Crawled 40 pages (at 10
pages/min), scraped 0 items (at 0 items/min)
2018-12-23 11:52:56 [scrapy.core.engine] DEBUG: Crawled (200) <GET http://
example.webscraping.com/user/login?_next=%2Findex%2F0> (referer: http://example.
webscraping.com/index/0)
2018-12-23 11:53:03 [scrapy.core.engine] DEBUG: Crawled (200) <GET http://
example.webscraping.com/user/register?_next=%2Findex%2F0> (referer: http://
example.webscraping.com/index/0)
...
```

로그 출력에는 인덱스 페이지 표시, 국가 크롤링, 중복 링크 필터링을 볼 수 있다. 따라서 보기 편하다. 또한 크롤러를 처음 시작할 때 설치된 미들웨어와 기타 중요한 정보를 볼 수 있다.

그러나 스파이더가 로그인을 크롤링하고 각 웹 페이지에서 링크된 폼을 등록할 때 rules 정규식과 일치하기 때문에 자원을 낭비하고 있음을 알 수 있다. 이전 커맨드의 로그인 URL은 _next=%2Findex%2F1로 끝나고 이는 _next=/index/1과 동일한 URL 인코딩으로, 로그인 후 리디렉션을 정의한다. 해당 URL이 크롤링되지 않도록 룰의 deny 매개 변수를 사용할 수 있다. deny 매개 변수는 정규식을 예상하며 일치하는 모든 URL을 크롤링하지 못하게 한다.

다음은 /user/가 포함된 URL을 피해 사용자 로그인 및 등록 폼 크롤링을 방지하는 코드의 업데이트 버전이다.

```
rules = (
    Rule(LinkExtractor(allow=r'/index/', deny=r'/user/'), follow=True),
    Rule(LinkExtractor(allow=r'/view/', deny=r'/user/'), callback='parse_
        item')
)
```

 LinkExtractor 클래스를 사용하는 방법에 대해서는 Scrapy 문서(http://doc.scrapy.
org/en/latest/topics/link-extractors.html)를 참고하길 바란다.

현재 크롤링을 중지하고 새로운 코드로 다시 시작하려면 Ctrl + C 또는 cmd + C를
사용해 종료 신호를 보낼 수 있다. 그러면 다음과 비슷한 메시지가 표시될 것이다.

```
2018-12-23 11:56:03 [scrapy.crawler] INFO: Received SIGINT, shutting down gracefully.
Send again to force
```

대기 중인 요청을 완료한 후 중지한다. 마지막에 여러 개의 추가 통계와 디버깅이 표
시된다. 이 섹션의 뒷부분에서 설명한다.

 크롤러에 deny 룰을 추가하는 것 외에도 Rule 오브젝트에 process_links 매개 변수를
사용할 수 있다. 이를 통해 발견된 링크를 반복하고 수정(예시: 쿼리 문자열의 일부 제거 또는
추가)하는 함수를 생성할 수 있다. 크롤링 룰에 대한 자세한 내용은 Scrapy 문서(https://
doc.scrapy.org/en/latest/topics/spiders.html#crawling-rules)에서 확
인할 수 있다.

여러 스파이더 타입

Scrapy 예시에서는 Scrapy CrawlSpider를 사용했다. Scroller CrawlSpider는 웹 사이트 또는 여러 웹 사이트를 크롤링할 때 특히 유용하다. Scrapy에는 웹 사이트와 추출 필요에 따라 사용할 수 있는 여러 범주의 스파이더가 존재한다.

- Spider: 일반적인 스크래핑 스파이더로서 페이지 타입을 스크래핑하는 데 사용된다.
- CrawlSpider: 크롤링 스파이더로서 일반적으로 도메인을 탐색하고 링크를 크롤링해서 찾은 페이지에서 하나 또는 여러 타입의 페이지를 스크래핑하는 데 사용된다.
- XMLFeedSpider: XML 피드를 탐색하고 각 노드에서 콘텐츠를 추출하는 스파이더다.
- CSVFeedSpider: XML 스파이더와 비슷하지만 피드의 CSV 로우를 파싱할 수 있다.
- SitemapSpider: 먼저 사이트맵^{Sitemap}을 파싱해 다양한 룰로부터 사이트를 크롤링할 수 있는 스파이더다.

각 스파이더는 기본 Scrapy 설치에 포함돼 있기에 새로운 웹 스크래퍼를 생성하고 사용할 수 있다. 8장에서는 Scrapy 툴을 사용하는 방법의 첫 번째 예시로 첫 번째 크롤링 스파이더를 완성한다.

셸 커맨드로 스크래핑하기

이제 Scrapy를 사용해 국가 정보를 크롤링할 수 있기 때문에 어떤 데이터를 스크래핑할지 정의할 수 있다. Scrapy에서는 웹 페이지에서 데이터 추출 방법을 테스트할 수 있도록 shell이라는 편리한 커맨드를 제공한다. shell 커맨드는 파이썬 또는

IPython 인터프리터를 통해 Scrapy API를 제공한다.

다음과 같이 시작할 URL을 사용해 shell 커맨드를 호출할 수 있다.

```
$ scrapy shell http://example.webscraping.com/places/default/view/United-
Kingdom-239
...
[s] Available Scrapy objects:
[s] scrapy     scrapy module (contains scrapy.Request, scrapy.Selector, etc)
[s] crawler    <scrapy.crawler.Crawler object at 0x7fd18a669cc0>
[s] item       {}
[s] request    <GET http://example.webscraping.com/places/default/view/United-
Kingdom-239>
[s] response   <200 http://example.webscraping.com/places/default/view/United-
Kingdom-239>
[s] settings   <scrapy.settings.Settings object at 0x7fd189655940>
[s] spider     <CountrySpider 'country' at 0x7fd1893dd320>
[s] Useful shortcuts:
[s] fetch(url[, redirect=True]) Fetch URL and update local objects (by default,
redirects are followed)
[s] fetch(req)                  Fetch a scrapy.Request and update local objects
[s] shelp()                     Shell help (print this help)
[s] view(response)              View response in a browser
In [1]:
```

이제 response 객체를 질의해 사용 가능한 데이터를 확인한다.

```
In [1]: response.url
Out[1]:'http://example.webscraping.com/places/default/view/United-Kingdom-239'

In [2]: response.status
Out[2]: 200
```

Scrapy는 lxml을 사용해 데이터를 스크래핑하고 2장, '데이터 스크래핑하기'에서와 동일한 CSS 선택자를 사용할 수 있다.

```
In [3]: response.css('tr#places_country__row td.w2p_fw::text')
[<Selector xpath=u"descendant-or-self::
    tr[@id = 'places_country__row']/descendant-or-self::
    */td[@class and contains(
    concat(' ', normalize-space(@class), ' '),
    ' w2p_fw ')]/text()" data=u'United Kingdom'>]
```

css 메소드는 lxml 선택자를 사용해 특정 리스트를 리턴한다. 아마도 해당 리스트를 XPath 구문으로 인식해서 lxml 구문 중 일부를 사용해 아이템을 선택할 수 있다. 2장, '데이터 스크래핑하기'에서 살펴본 것처럼 lxml은 콘텐츠를 추출하기 전에 모든 CSS 선택자를 XPath로 변환한다.

실제로 국가 로우에서 텍스트를 가져오려면 extract( ) 메소드를 호출해야 한다.

```
In [4]: name_css = 'tr#places_country__row td.w2p_fw::text'

In [5]: response.css(name_css).extract()
Out[5]: [u'United Kingdom']

In [6]: pop_xpath = '//tr[@id="places_population__row"]/td[@class="w2p_fw"]/text()'

In [7]: response.xpath(pop_xpath).extract()
Out[7]: [u'62,348,447']
```

이전 출력에서 살펴볼 수 있는 것처럼 Scrapy의 response 객체는 css와 xpath를 모두 사용해 파싱할 수 있기 때문에 명확하고 쉽게 도달할 수 있는 콘텐츠를 얻는 데 매우 유용하다.

그리고 이전 코드 example/spiders/country.py에서 생성한 parse_item() 메소드에서 CSS 선택자를 사용할 수 있다. 딕셔너리 문법을 사용해 scrapy.Item 객체의 속성을 설정한다.

```python
def parse_item(self, response):
    item = CountryItem()
    name_css = 'tr#places_country__row td.w2p_fw::text'
    item['name'] = response.css(name_css).extract()
    pop_xpath = '//tr[@id="places_population__row"]/td[@class="w2p_fw"]/text()'
    item['population'] = response.xpath(pop_xpath).extract()
    return item
```

결과 확인하기

완성된 스파이더 버전은 다음과 같다.

```python
class CountrySpider(CrawlSpider):
    name = 'country'
    start_urls = ['http://example.webscraping.com/']
    allowed_domains = ['example.webscraping.com']
    rules = (
        Rule(LinkExtractor(allow=r'/index/', deny=r'/user/'), follow=True),
        Rule(LinkExtractor(allow=r'/view/', deny=r'/user/'), callback='parse_item')
    )

    def parse_item(self, response):
        item = CountryItem()
        name_css = 'tr#places_country__row td.w2p_fw::text'
        item['name'] = response.css(name_css).extract()
        pop_xpath = '//tr[@id="places_population__row"]/td[@class="w2p_fw"]/text()'
        item['population'] = response.xpath(pop_xpath).extract()
        return item
```

결과를 저장하기 위해 settings.py 파일에서 Scrapy 파이프라인을 정의하거나 출력 설정을 설정할 수 있다. 그러나 Scrapy는 편리한 --output 플래그를 제공하며 스크래핑한 아이템을 CSV, JSON, XML 포맷으로 자동 저장할 수 있다.

중요하지 않은 메시지를 걸러내기 위해 스파이더의 최종 버전을 CSV 파일로 출력하고 로그 레벨을 INFO로 설정한 결과는 다음과 같다.

```
$ scrapy crawl country --output=../../../data/scrapy_countries.csv -s LOG_
LEVEL=INFO
2018-12-23 14:20:25 [scrapy.extensions.logstats] INFO: Crawled 277 pages (at 10
pages/min), scraped 249 items (at 9 items/min)
2018-12-23 14:20:42 [scrapy.core.engine] INFO: Closing spider (finished)
2018-12-23 14:20:42 [scrapy.statscollectors] INFO: Dumping Scrapy stats:
{'downloader/request_bytes': 158580,
'downloader/request_count': 280,
'downloader/request_method_count/GET': 280,
'downloader/response_bytes': 944210,
'downloader/response_count': 280,
'downloader/response_status_count/200': 280,
'dupefilter/filtered': 61,
'finish_reason': 'finished',
'finish_time': datetime.datetime(2018, 12, 23, 13, 20, 42, 792220),
'item_scraped_count': 252,
'log_count/INFO': 35,
'request_depth_max': 26,
'response_received_count': 280,
'scheduler/dequeued': 279,
'scheduler/dequeued/memory': 279,
'scheduler/enqueued': 279,
'scheduler/enqueued/memory': 279,
'start_time': datetime.datetime(2018, 12, 23, 12, 52, 25, 733163)}
2018-12-23 14:20:42 [scrapy.core.engine] INFO: Spider closed (finished)
```

크롤링이 종료하면 Scrapy는 크롤링 실행에 대한 통계를 출력한다. 실행 통계를 보면 280개의 웹 페이지를 크롤링했고 252개의 아이템을 스크래핑한 것으로 나타난다. 이는 데이터베이스에서 예상되는 국가 수로, 크롤러가 모든 국가 정보를 찾았다는 것을 알 수 있다.

 Scrapy가 생성한 디렉터리(startproject 커맨드로 생성된 프로젝트는 example/ 디렉터리다)에서 Scrapy 스파이더를 실행하고 커맨드를 크롤링해야 한다. 스파이더는 scrapy. cfg와 settings.py 파일을 사용해 크롤링하는 방법과 경로를 결정하고 스크롤 및 스크래핑에서 사용하는 스파이더 경로를 설정한다.

국가 정보가 제대로 스크래핑했다는 것을 확인하려면 countries.csv 내용을 통해 확인할 수 있다.

```
name,population
Afghanistan,"29,121,286"
Antigua and Barbuda,"86,754"
Antarctica,0
Anguilla,"13,254"
Angola,"13,068,161"
Andorra,"84,000"
American Samoa,"57,881"
Algeria,"34,586,184"
Albania,"2,986,952"
Aland Islands,"26,711"
...
```

예상대로 CSV에는 각 국가의 이름과 인구가 포함돼 있다. 데이터를 스크래핑할 때 Scrapy는 고급 기능과 내장 CSV 작성기와 같은 유용한 내장 기능을 제공하기 때문에 2장, '데이터 스크래핑하기'에서 작성한 원래 크롤러 코드보다 적은 코드로 작성됐다.

다음 섹션에서는 Portia를 사용해 더 적은 코드로 스크래퍼를 다시 구현할 것이다.

크롤링 중단과 재개

때때로 웹 사이트를 스크래핑할 때 처음부터 다시 시작할 필요 없이 크롤링을 일시
중지하고 나중에 다시 시작할 때 유용할 수 있다. 예를 들어 소프트웨어를 업데이트
한 후 컴퓨터를 재설정하기 위해 크롤링을 중단해야 할 수도 있고 크롤링하는 웹 사
이트에서 에러를 리턴해서 나중에 크롤링을 계속해야 할 때도 있다.

Scrapy에는 예시 스파이더를 수정할 필요 없이 크롤링을 일시 중지하고 다시 시작
할 수 있는 편리한 내부 기능을 갖고 있다. 해당 기능을 사용하려면 JOBDIR 설정을
크롤링의 현재 상태를 저장할 수 있는 디렉터리로 정의해야 한다. 참고로 여러 크롤
링 상태를 저장하려면 별도의 디렉터리를 사용해야 한다.

다음은 스파이더에 해당 기능을 사용하는 예시다.

```
$ scrapy crawl country -s LOG_LEVEL=DEBUG -s JOBDIR=../../../data/crawls/country
...
2018-12-23 13:41:54 [scrapy.core.engine] DEBUG: Crawled (200) <GET http://
example.webscraping.com/places/default/view/Anguilla-8> (referer: http://
example.webscraping.com/)
2018-12-23 13:41:54 [scrapy.core.scraper] DEBUG: Scraped from <200 http://
example.webscraping.com/places/default/view/Anguilla-8>
{'name': ['Anguilla'], 'population': ['13,254']}
2018-12-23 13:41:59 [scrapy.core.engine] DEBUG: Crawled (200) <GET http://
example.webscraping.com/places/default/view/Angola-7> (referer: http://example.
webscraping.com/)
2018-12-23 13:41:59 [scrapy.core.scraper] DEBUG: Scraped from <200 http://
example.webscraping.com/places/default/view/Angola-7>
{'name': ['Angola'], 'population': ['13,068,161']}
2018-12-23 13:42:04 [scrapy.core.engine] DEBUG: Crawled (200) <GET http://
example.webscraping.com/places/default/view/Andorra-6> (referer: http://example.
webscraping.com/)
2018-12-23 13:42:04 [scrapy.core.scraper] DEBUG: Scraped from <200 http://
example.webscraping.com/places/default/view/Andorra-6>
{'name': ['Andorra'], 'population': ['84,000']}
```

```
^C
2018-12-23 13:42:10 [scrapy.crawler] INFO: Received SIG_SETMASK, shutting down
gracefully. Send again to force
...
[country] INFO: Spider closed (shutdown)
```

이전 커맨드 출력을 보면 ^C가 보인다. 이는 사용자가 스크래퍼를 중지하기 위해 7
장에서 설명한 Ctrl + C 또는 cmd + C와 동일한 SIG_SETMASK를 보냈음을 의미한다.
Scrapy에서 크롤링 상태를 저장하려면 크롤링이 정상적으로 종료될 때까지 기다려
야 하는데, 종료 강제에 대한 유혹을 참아야 한다. 이제 크롤링 상태는 data/crawls/
country 디렉터리에 저장된다. 저장된 크롤링 상태 파일이 해당 디렉터리에 존재한
다(윈도우 사용자라면 커맨드와 디렉터리 구조을 변경해야 한다).

```
$ ls ../../../data/crawls/country/
requests.queue requests.seen spider.state
```

크롤링은 다음 커맨드를 실행하면 재개된다.

```
$ scrapy crawl country -s LOG_LEVEL=DEBUG -s JOBDIR=../../../data/crawls/country
...
2018-12-23 13:49:49 [scrapy.core.engine] INFO: Spider opened
2018-12-23 13:49:49 [scrapy.core.scheduler] INFO: Resuming crawl (13 requests
scheduled)
2018-12-23 13:49:49 [scrapy.extensions.logstats] INFO: Crawled 0 pages (at 0
pages/min), scraped 0 items (at 0 items/min)
2018-12-23 13:49:49 [scrapy.extensions.telnet] DEBUG: Telnet console listening
on 127.0.0.1:6023
2018-12-23 13:49:49 [scrapy.core.engine] DEBUG: Crawled (200) <GET http://
example.webscraping.com/robots.txt> (referer: None)
2018-12-23 13:49:54 [scrapy.core.engine] DEBUG: Crawled (200) <GET http://
example.webscraping.com/places/default/view/Cameroon-40> (referer: http://
```

```
example.webscraping.com/places/default/index/3)
2018-12-23 13:49:54 [scrapy.core.scraper] DEBUG: Scraped from <200 http://
example.webscraping.com/places/default/view/Cameroon-40>
{'name': ['Cameroon'], 'population': ['19,294,149']}
...
```

크롤링은 일시 중지된 부분부터 시작돼 정상적으로 계속 진행된다. 다운로드할 페이지 수를 관리 가능하기 때문에 재개 기능은 예시 웹 사이트에서는 특히 유용하지 않다. 그러나 크롤링하는 데 수개월이 걸릴 수 있는 대형 웹 사이트에서 크롤링을 일시 중지했다가 이후 재개할 수 있다는 것은 매우 편리하다.

 크롤링을 재개할 때 쿠키 또는 세션 만료와 같은 문제를 일으킬 수 있는 여러 사례가 있다. 여기서는 다루지 않지만 Scrapy 문서(http://doc.scrapy.org/en/latest/topics/jobs.html)를 참고하길 바란다.

Scrapy 성능 튜닝

예시 사이트를 처음으로 전체 스크래핑을 진행하고 시작 시간과 종료 시간을 살펴보면 전체 스크래핑 시간이 약 1,697초 걸린 것을 알 수 있다. 페이지당 몇 초(평균)인지 계산하면 페이지당 6초 미만이다. Scrapy 동시성 기능을 사용하지 않았고 요청 간에 약 5초 미만의 지연이 추가됐다는 것을 알기에 Scrapy는 페이지당 약 1초의 데이터를 파싱하고 추출한다(2장, '데이터 스크래핑하기'에서 XPath를 사용한 가장 빠른 스크래퍼는 1.07초 소요됐다).

저자는 PyCon 2014에서 웹 스크래핑 라이브러리 속도를 비교한 후 Scrapy가 저자가 찾았던 어떤 스크래핑 프레임워크보다 훨씬 빨랐다고 발표했다. 평균 100건의 요청을 1초에 리턴하는 간단한 구글 검색 스크래퍼를 작성할 수 있었다. 그 이후로 Scrapy는 계속 개발돼 왔다. 따라서 Scrapy를 항상 가장 뛰어난 파이썬 스크래핑 프레임워크로 추천한다.

Scrapy를 병렬로 사용(Twisted 사용)하는 것 외에도 Scrapy는 페이지 캐싱과 기타 성능 고려사항(예, 프록시를 사용해 단일 사이트에 더 많은 병렬 요청을 허용하는 등)을 사용하도록 조정할 수 있다. 캐싱을 설치하려면 먼저 캐싱 미들웨어 설명서(https://doc.scrapy.org/en/latest/topics/downloader-middleware.html#module-scrapy.downloadermiddlewares.httpcache)를 참고하길 바란다.

settings.py 파일에서 이미 살펴봤을 것이다. 적절한 캐싱 설정을 구현하는 몇 가지 좋은 예시가 있다. 프록시를 구현할 때 훌륭한 헬퍼 라이브러리가 있다(Scrapy는 단순한 미들웨어 클래스에만 접근 권한을 부여한다). 현재 가장 많이 사용되고 빠르게 업데이트되고 있는 라이브러리는 https://github.com/aivarsk/scrapy-proxies다. 해당 라이브러리는 파이썬 3을 지원하며 쉽게 통합할 수 있다.

언제나 그렇듯이 라이브러리와 추천 설정이 변경될 수 있기에 성능 검사와 스파이더 변경과 관련한 최신 Scrapy 문서를 읽고 진행하길 바란다.

▌ Portia를 사용해 시각적으로 스크래핑하기

Portia는 스크래핑이 필요한 웹 사이트의 일부분을 클릭해 스파이더를 만드는 것을 지원하는 오픈 소스 툴이다. 이 방법은 CSS 또는 XPath 선택자를 개발하는 것보다 편리할 수 있다.

설치

Portia는 강력한 툴이며 여러 외부 라이브러리에 의존한다. 비교적 새로운 라이브러리이기 때문에 설치 단계가 다소 복잡하다. 향후 설치가 단순해질 것이다. 현재는 https://github.com/scrapinghub/portia#running-portia에서 최신 문서를 확인할 수 있다. Portia를 실행하기 위해 현재 권장되는 방법은 도커(오픈 소스 컨테이너 프레임워크)를 사용하는 것이다. 도커가 설치돼 있지 않으면 먼저 최신 설치 문서 (https://docs.docker.com/engine/installation/)를 따라 설치해야 한다.

도커를 설치하고 실행하면 scrapinghub 이미지를 풀Pull하고 시작할 수 있다. 먼저 새로운 portia 프로젝트를 생성하고 싶은 디렉터리에 다음 커맨드를 실행해야 한다.

```
$ docker run -v ~/portia_projects:/app/data/projects:rw -p 9001:9001
scrapinghub/portia:portia-2.0.7

Unable to find image 'scrapinghub/portia:portia-2.0.7' locally
latest: Pulling from scrapinghub/portia
...
2018-12-23 12:57:42.711720 [-] Site starting on 9002
2018-12-23 12:57:42.711818 [-] Starting factory <slyd.server.Site instance at
0x7f57334e61b8>
```

> ⓘ 커맨드에서 ~/portia_projects라는 새 폴더를 생성했다. portia 프로젝트를 다른 위치에 저장하려면 -v 커맨드를 사용해 portia 파일을 저장하려는 절대 파일 경로를 가르키도록 설정한다.

마지막 몇 라인은 Portia 웹 사이트가 현재 로컬 호스트에서 가동중임을 보여준다. 이제 웹 브라우저(http://localhost:9001/)에서 웹 사이트에 접근할 수 있다.

초기 화면은 다음과 비슷할 것이다.

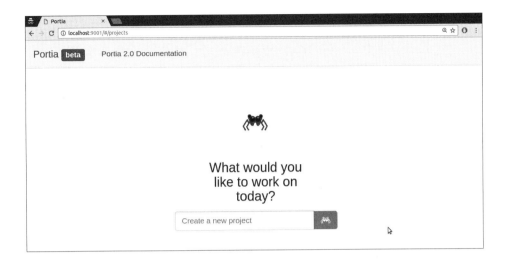

설치 중에 문제가 발생하면 다른 사람도 비슷한 문제를 경험해서 해결책을 찾을 수 있기 때문에 Portia Issues 페이지(https://github.com/scrapinghub/portia/issues)를 확인해 보길 바란다. 이 책에서는 특정 버전의 Portia 이미지, scrapinghub/portia:portia-2.0.7을 사용했다. 하지만 최신 공식 릴리즈인 `scrapinghub/portia`를 사용할 수 있을 것이다.

또한 이 섹션에서 다룬 내용이 다를지라도 README 파일과 Portia 문서에 설명된대로 최신 권장 지침을 사용하는 것이 좋다. Portia는 적극적으로 개발중이며 이 책을 출판한 후 권장 지침이 변경될 수 있다.

주석

Portia 시작 페이지에 프로젝트를 입력하라는 텍스트 박스가 보인다. 먼저 텍스트 박스에 프로젝트 이름을 등록한다. 그리고 다음 페이지에서 스크래핑하려는 웹 사이트의 URL 텍스트 박스에 http://example.webscraping.com과 같은 URL을 입력한다.

해당 URL을 입력한 후에 Portia는 프로젝트 뷰를 로드한다.

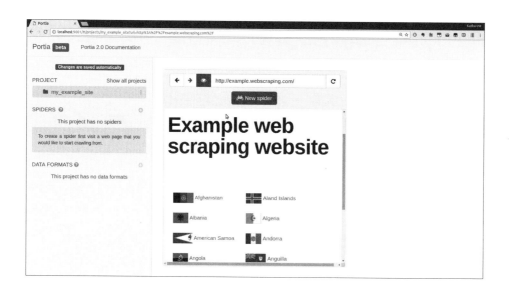

새로운 스파이더 버튼을 클릭하면 다음 스파이더 뷰가 표시된다.

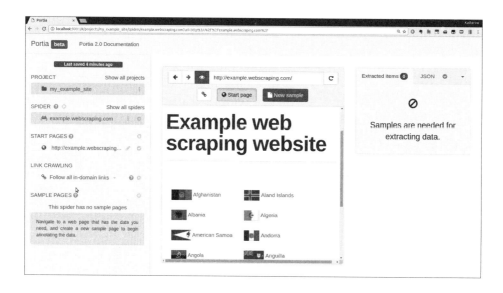

8장의 앞부분에서 이미 작성한 Scrapy 스파이더의 일부 필드(예, 시작 페이지 및 링크 크롤링 룰)를 보게 될 것이다. 기본적으로 스파이더 이름은 레이블(example.

webscraping.com)로 설정되며 레이블을 클릭해 스파이더 이름을 수정할 수 있다.

그 다음 New Sample 버튼을 클릭해 페이지에서 데이터 수집을 시작한다.

이제 페이지의 다른 엘리먼트를 마우스로 가리키면 해당 엘리먼트가 강조 표시된다. 웹 사이트 영역의 오른쪽에 있는 속성 탭에서 CSS 선택자를 볼 수도 있다.

개별 국가 페이지에서 인구 정보를 스크래핑하고 싶다면 홈페이지에서 개별 국가 페이지로 이동해야 한다. 따라서 먼저 Close Sample을 클릭한 후 모든 국가를 클릭해야 한다. 국가 페이지가 로드되면 다시 한 번 New Sample을 클릭할 수 있다.

추출용으로 아이템을 필드에 추가하려면 인구 필드를 클릭할 수 있다. 추출 아이템이 추가되고 추출된 정보를 볼 수 있다.

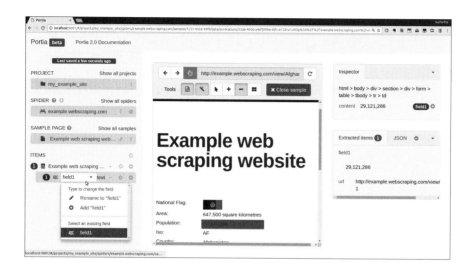

왼쪽 텍스트 필드 영역을 사용하고 단순히 "population"이라는 새 이름을 입력해 필드의 이름을 바꿀 수 있다. 그리고 **Add Field** 버튼을 클릭할 수 있다. 더 많은 필드를 추가하려면 큰 **+** 버튼을 먼저 클릭한 후 같은 방법으로 필드 값을 선택해 관심 있는 국가 이름 또는 기타 필드에 대해 동일한 작업을 수행할 수 있다. 주석이 달린 필드는 웹 페이지에서 강조 표시되며 추출된 아이템 섹션에서 추출된 데이터를 볼 수 있다.

필드를 삭제하려면 필드 이름 옆의 빨간색 − 기호를 사용한다. 주석이 완성되면 상단의 파란색 **Close sample** 버튼을 클릭한다. Scrapy 프로젝트에서 실행하길 원하는 스파이더를 다운로드하려면 스파이더 이름 옆에 있는 링크를 클릭한다.

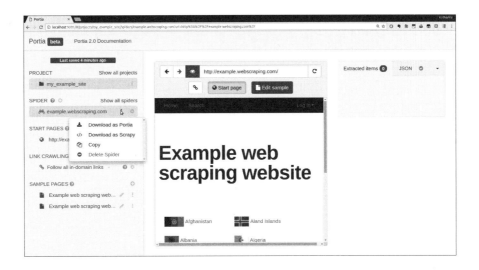

마운트된 폴더 ~/portia_projects에 있는 모든 스파이더와 설정을 살펴볼 수도 있다.

스파이더 실행하기

Portia를 도커 컨테이너로 실행한다면 동일한 도커 이미지를 사용해 `portiacrawl` 커맨드를 실행할 수 있다. 먼저 **Ctrl + C**를 사용해 현재 컨테이너를 중지한다. 그리고 다음 커맨드를 실행한다.

```
docker run -i -t --rm -v ~/portia_projects:/app/data/projects:rw -v <출력_디렉터리>:/
mnt:rw -p 9001:9001 scrapinghub/portia portiacrawl /app/data/projects/<프로젝트_이름>
example.webscraping.com  o /mnt/example.webscraping.com.jl
```

출력 파일을 저장할 절대 경로로 '출력_디렉터리'를 변경하고 프로젝트 시작할 때 사용한 이름(예, my_example_site)을 '프로젝트_이름' 변수로 변경해야 한다. 도커의 출력이 Scrapy를 실행할 때 나오는 출력과 비슷할 것이다. 에러 메시지가 표시될 수 있다(다운로드 지연 또는 병렬 요청을 변경하지 않아서 발생하는 것이다 – 둘 다 프로젝트와 스파이더 설정을 변경해 웹 인터페이스에서 수행할 수 있다). 또한 -s 플래그를 사용해 실행할 때 추가 설정을 스파이더에 전달할 수 있다. 커맨드는 다음과 같을 것이다.

```
docker run -i -t --rm -v ~/portia_projects:/app/data/projects:rw -v ~/portia_output:/
mnt:rw -p 9001:9001 scrapinghub/portia portiacrawl /app/data/projects/my_example_site
example.webscraping.com -o /mnt/example.webscraping.com.jl-s CONCURRENT_REQUESTS_
PER_DOMAIN=1 -s DOWNLOAD_DELAY=5
```

결과 확인하기

스파이더가 종료되면 생성한 출력 폴더에서 결과를 확인할 수 있다.

```
$ head ~/portia_output/example.webscraping.com.jl
{"_type": "Example web scraping website1", "url": "http://example.webscraping.
com/view/Antigua-and-Barbuda-10", "phone_code": ["+1-268"], "_template": "98ed-
4785-8e1b", "country_name": ["Antigua and Barbuda"], "population": ["86,754"]}
{"_template": "98ed-4785-8e1b", "country_name": ["Antarctica"], "_type":
"Example web scraping website1", "url": "http://example.webscraping.com/view/
Antarctica-9", "population": ["0"]}
{"_type": "Example web scraping website1", "url": "http://example.webscraping.
com/view/Anguilla-8", "phone_code": ["+1-264"], "_template": "98ed-4785-8e1b",
"country_name": ["Anguilla"], "population": ["13,254"]}
...
```

이전 출력은 스크래핑 결과에 대한 일부 예시다. 보다시피 JSON 포맷이다. CSV 포맷으로 내보내길 원한다면 출력 파일 이름을 .csv로 설정하면 된다.

도커에서 몇 번 클릭하고 몇 가지 지침을 따라하면서 예시 웹 사이트를 스크래핑했다. Portia는 아주 간단한 웹 사이트 또는 비개발자와 공동 작업해야 할 때 사용할 수 있는 편리한 툴이다. 반면에 더 복잡한 웹 사이트를 스크래핑하려면 Scrapy 크롤러를 파이썬으로 직접 개발하거나 Portia를 사용해 첫 번째 반복을 개발하고 파이썬 기술을 사용해 확장할 수 있다.

▌Scrapely로 자동화된 스크래핑

주석이 포함된 필드를 스크래핑하려면 Portia는 **Scrapely**(https://github.com/scrapy/scrapely)라는 라이브러리를 사용한다. Scrapely 라이브러리는 Portia와는 별개로, 따로 개발된 유용한 오픈 소스 툴이다. 또한 웹 페이지에서 스크래핑 모델을 구축하기 위해 트레이닝 데이터를 사용한다. 그리고 트레이닝 모델을 적용해 동일한 구조의 다른 웹 페이지를 스크래핑할 수 있다

pip를 사용해 설치할 수 있다.

```
pip install scrapely
```

동작 방법을 보여주는 예시는 다음과 같다.

```
>>> from scrapely import Scraper
>>> s = Scraper()
>>> train_url = 'http://example.webscraping.com/places/default/view/
Afghanistan-1'
>>> s.train(train_url, {'name': 'Afghanistan', 'population': '29,121,286'})
>>> test_url = 'http://example.webscraping.com/places/default/view/United-
```

```
Kingdom-239'
>>> s.scrape(test_url)
[{'name': ['United Kingdom'], 'population': ['62,348,447']}]
```

첫째, 모델(예시에서는 국가 이름과 인구)을 트레이닝하기 위해 **아프가니스탄**^{Afghanistan} 웹 페이지에서 스크래핑하길 원하는 데이터를 제공한다. 그리고 해당 모델을 다른 국가 페이지에 적용하고 트레이닝 모델을 사용해 국가 이름과 인구 수를 정확하게 리턴한다.

이 트레이닝 방법을 사용해 웹 페이지의 구조를 알지 못해도 웹 페이지를 스크래핑할 수 있고 트레이닝 사례(또는 여러 트레이닝 사례)에 대해 추출하길 원하는 콘텐츠만 알면 된다. 이 트레이닝 방법은 웹 페이지의 내용이 정적이지만 레이아웃이 변경되는 경우 매우 유용할 수 있다. 예를 들어 뉴스 웹 사이트에서는 게시된 기사의 텍스트가 변경되지 않을 가능성이 있지만 레이아웃이 변경될 수 있다. 이 경우 새로운 웹 사이트 구조에 대해 트레이닝 모델을 생성하려면 동일한 데이터를 사용해 Scrapely를 다시 트레이닝할 수 있다. 이 예시가 제대로 동작하려면 재사용이 가능하도록 트레이닝 데이터를 어딘가에 저장해야 한다.

Scrapely를 테스트하기 위해 사용된 예시 웹 페이지는 각 데이터 타입에 대한 별도의 태그와 속성으로 잘 구조화돼 있어 모델을 정확하고 쉽게 트레이닝할 수 있었다. 더 복잡한 웹 페이지의 경우 내용을 정확하게 찾지 못할 수 있다. Scrapely 문서는 '주의해서 트레이닝해야 한다'고 경고한다. 머신 러닝이 더 빠르고 쉬워질수록 더 강력한 자동 웹 스크래핑 라이브러리가 출시될 것이다. 지금은 이 책 전체에서 설명하는 기술을 활용해 웹 사이트를 직접 스크래핑하는 방법을 배우는 것에 집중할 것이다.

▮ 정리

8장에서는 웹 사이트를 스크래핑할 때 효율성을 높이기 위해 많은 고급 기능을 갖고 있는 웹 스크래핑 프레임워크인 Scrapy를 소개했다. 또한 Scrapy 스파이더를 생성하기 위해 시각 인터페이스를 제공하는 Portia를 다뤘다. 마지막으로 간단한 모델을 트레이닝해서 자동으로 웹 페이지를 스크래핑하기 위해 사용된 Scrapely를 테스트했다.

9장에서는 지금까지 살펴본 기술을 실제 웹 사이트에 적용하는 내용을 다룰 것이다.

09

모든 기술 활용하기

지금까지 사용자 정의 웹 사이트를 사용해 스크래핑하는 기술을 소개하고 해당 스크래핑 기술을 살펴보는 데 집중했다. 9장에서는 다양한 실제 웹 사이트를 분석해 책에서 배운 기술을 어떻게 적용할 수 있는지 살펴볼 것이다. 또한 실제 검색 폼을 보여주는 구글, 자바스크립트 의존 웹 사이트 API를 보여주는 페이스북Facebook, 전형적인 온라인 상점을 보여주는 Gap, 지도 인터페이스를 보여주는 BMW를 다룰 것이다. 해당 웹 사이트들은 실제 동작하는 웹 사이트이기 때문에 독자가 이 글을 읽을 때는 변경될 가능성이 있다.

그러나 9장의 목적은 특정 웹 사이트를 스크래핑하는 방법을 보여주기보다는 지금까지 배운 기술을 어떻게 적용할 수 있는지 보여줄 것이다. 예시를 실행하고자 할 때 먼저 웹 사이트 구조가 변경됐는지 여부와 현재 웹 사이트가 스크래핑을 금지하는지 여부를 확인해야 한다.

9장에서 다룰 내용은 다음과 같다.

- 구글 검색 결과를 웹 페이지 스크래핑하기
- 페이스북 API 탐색하기
- Gap 웹 사이트에서 여러 스레드 사용하기
- BMW 딜러 장소 페이지를 리버스 엔지니어링하기

구글 검색엔진

CSS 선택자에 대한 지식으로 구글 검색 결과를 다룰 것이다. 4장, '병렬 다운로드'에서 사용된 Alexa 데이터에 따르면 google.com은 전 세계에서 가장 인기있는 웹 사이트이며 편리하게도 웹 사이트 구조가 간단하고 스크래핑하기 쉽다.

 구글 인터내셔널은 사용자의 장소에 따라 국가별 버전으로 리디렉션할 수 있다. 이 예시에서는 구글이 루마니아어 버전으로 설정돼 있어서 결과가 약간 다르게 나타날 수 있다.

다음은 폼을 검사하는 브라우저 개발자 도구 툴이 포함된 구글 검색 홈페이지다.

구글 검색어는 이름이 q라는 입력에 저장되고 폼은 action 속성으로 설정된 /search 경로로 제출된다. 폼을 테스트로 제출하면 https://www.google.ro/?gws_rd=cr,s sl&ei=TuXYWJXqBsGsswHO8YiQAQ#q=test&*와 같이 URL로 리디렉션된다. 정확한 URL은 브라우저와 장소에 따라 다르다. 2017년에 종료한 '구글 순간^{Google Instant}

^{Search}' 검색을 사용했다면 AJAX를 사용해 폼을 제출하는 대신 검색 결과를 동적으로 로드한다. 이 URL에는 많은 매개 변수가 있지만 필요한 것은 쿼리에 대한 q뿐이다.

https://www.google.com/search?q=test URL은 스크린 샷처럼 검색 결과를 생성할 수 있음을 보여준다.

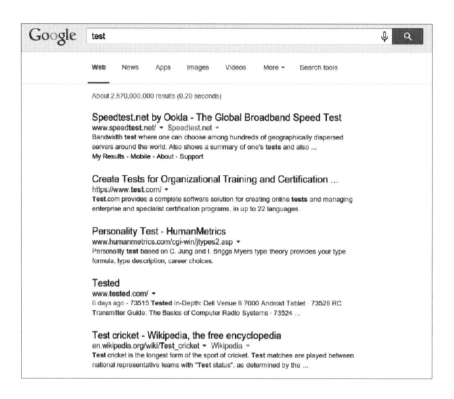

다음과 같이 브라우저 툴을 사용해 검색 결과의 구조를 검사할 수 있다.

250

여기에 검색 결과는 상위 엘리먼트가 <h3> 태그이고 클래스 이름은 "r"인 링크로 구성돼 있음을 알 수 있다.

검색 결과를 스크래핑하기 위해 2장, '데이터 스크래핑하기'에서 소개한 CSS 선택자를 사용한다.

```
>>> from lxml.html import fromstring
>>> import requests
>>> html = requests.get('https://www.google.com/search?q=test')
>>> tree = fromstring(html.content)
>>> results = tree.cssselect('h3.r a')
>>> results
[<Element a at 0x7f3d9affeaf8>,
<Element a at 0x7f3d9affe890>,
<Element a at 0x7f3d9affe8e8>,
<Element a at 0x7f3d9affeaa0>,
<Element a at 0x7f3d9b1a9e68>,
<Element a at 0x7f3d9b1a9c58>,
<Element a at 0x7f3d9b1a9ec0>,
<Element a at 0x7f3d9b1a9f18>,
<Element a at 0x7f3d9b1a9f70>,
<Element a at 0x7f3d9b1a9fc8>]
```

지금까지 구글 검색 결과를 다운로드한 후 lxml을 사용해 링크를 추출했다. 이전 스크린 샷의 링크에는 클릭 수 추적에 사용되는 실제 웹 사이트 URL과 함께 일련의 추가 매개 변수가 포함돼 있다.

다음은 웹 페이지에서 찾은 첫 번째 링크다.

```
>>> link = results[0].get('href')
>>> link
'/url?q=https://en.wikipedia.org/wiki/Test&sa=U&ved=0ahUKEwi1u/ubrrXeAhUL5LwKHad
0Cv0QFggTMAA&usg=AOvVaw03KciBVwpCSwkb7fDe2ZZf'
```

원하는 콘텐츠는 urlparse 모듈을 사용해 쿼리 문자열에서 파싱할 수 있는 http://
www.speedtest.net/이다.

```
>>> from urllib.parse import parse_qs, urlparse
>>> qs = urlparse(link).query
>>> parsed_qs = parse_qs(qs)
>>> parsed_qs
{'q': ['https://en.wikipedia.org/wiki/Test'],
'sa': ['U'],
'ved': ['0ahUKEwi1u7ubrrXeAhUL5LwKHad0Cv0QFggTMAA'],
'usg': ['AOvVaw03KciBVwpCSwkb7fDe22Zf']}
>>> parsed_qs.get('q', [])
['https://en.wikipedia.org/wiki/Test']
```

이 쿼리 문자열 파싱을 적용해 모든 링크를 추출할 수 있다.

```
>>> links = []
>>> for result in results:
...     link = result.get('href')
...     qs = urlparse(link).query
...     links.extend(parse_qs(qs).get('q', []))
...
>>> links
['https://en.wikipedia.org/wiki/Test',
 'http://speedtest.xfinity.com/',
'https://fast.com/',
'http://www.speedtest.net/',
'https://www.centurylink.com/home/help/internet/internet-speed-test.html',
'https://speedof.me/m/', 'http://speedtest.mybroadband.co.za/',
'https://www.spectrum.net/support/internet/spectrum-speed-test',
'https://www.spectrum.com/internet/speed-test.html',
'https://www.test.com/']
```

성공했다. 구글 검색의 첫 번째 페이지 링크가 성공적으로 스크래핑됐다. 이 예시의 전체 소스는 https://github.com/knight76/wswp/blob/master/code/chp9/scrape_google.py에서 확인할 수 있다.

구글 검색 페이지를 스크래핑할 때 어려움 중 하나는 구글 서버가 클라이언트 IP가 의심스러우면(예, 굉장히 빠르게 다운로드하는 경우) 캡차 이미지가 표시된다는 점이다.

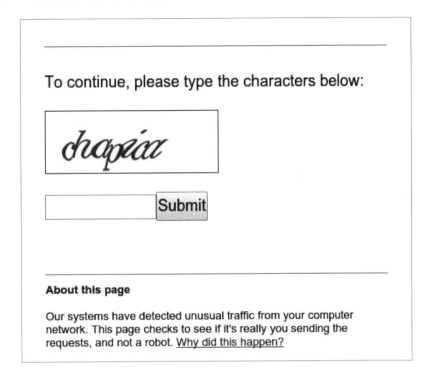

이전 캡차 이미지가 나타나면 7장, '캡차 해결하기'에서 다룬 방법을 사용하면 해결할 수 있다. 의심을 갖지 않도록 천천히 다운로드하거나 만약 매우 빠른 다운로드 속도로 다운로드해야 한다면 프록시를 사용하는 것이 좋다. 구글 서버에 과부하가 걸리면 특정 시간 또는 특정 일 동안 구글 도메인으로 금지된 IP로 수집돼 사용하지 못할 수 있다. 따라서 집이나 사무실이 구글의 블랙리스트에 올라가지 않도록 구글 웹 사이트를 조심해서 사용하길 바란다.

페이스북

브라우저와 API를 사용하는 예시로 페이스북 사이트를 다룰 것이다. 현재 페이스북은 월간 활성 사용자^{Monthly Active Users} 관점에서 전 세계 최대의 소셜 네트워크이므로 사용자 데이터는 매우 중요하다.

웹 사이트

다음은 팩트출판사^{Packt Publishing}의 페이스북 페이지(https://www.facebook.com/PacktPub)다.

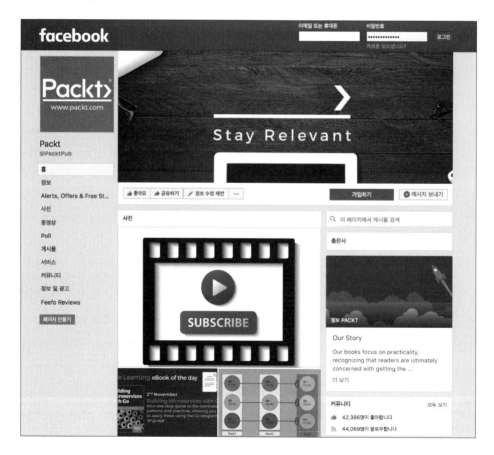

페이스북의 팩트 출판사 페이지의 소스를 보면 처음 일부 게시물을 볼 수 있고 브라우저를 아래로 스크롤하면 다음 게시물이 AJAX에 의해 로드된다는 것을 알 수 있다. 페이스북에 모바일 인터페이스가 있다. 1장, '웹 스크래핑 소개'에서 살펴본 것처럼 스크래핑이 좀 쉽다. 동일한 모바일 인터페이스 페이지는 https://m.facebook.com/PacktPub에서 사용할 수 있다.

모바일 웹 사이트와 상호 작용하고 브라우저 툴로 확인했다면 페이스북 인터페이스는 AJAX 이벤트를 사용하는 동일한 구조를 사용하기에 쉽게 스크래핑되지 않는다. 페이스북 AJAX 이벤트는 리버스 엔지니어링할 수 있다. 그러나 페이스북 페이지의 다른 타입은 다른 AJAX 호출을 사용하며, 과거의 경험상 페이스북은 종종 AJAX 호출 구조를 변경한다. 따라서 페이스북 페이지를 스크래핑한다면 지속적인 유지 보수가 필요할 것이다. 따라서 5장, '동적 콘텐츠'에서 설명한 것처럼 성능이 중요하지 않으면 브라우저 렌더링 엔진을 사용해 자바스크립트 이벤트를 실행하고 결과 HTML에 접근하는 것이 편리할 것이다.

다음은 Selenium을 사용해 페이스북 로그인을 자동화한 후 주어진 페이지 URL로 리디렉션하는 예시다.

```
from selenium import webdriver


def get_driver():
    try:
        return webdriver.PhantomJS()
    except:
        return webdriver.Firefox()

def facebook(username, password, url):
    driver = get_driver()
    driver.get('https://facebook.com')
    driver.find_element_by_id('email').send_keys(username)
    driver.find_element_by_id('pass').send_keys(password)
    driver.find_element_by_id('loginbutton').submit()
    driver.implicitly_wait(30)
    # 검색 박스에 사용 가능할 때까지 기다린다.
    # 즉 성공적으로 로그인이 됐음을 의미한다.
    search = driver.find_element_by_name('q')
    # 이제 로그인돼서 원하는 페이지에 접근할 수 있다.
    driver.get(url)
    # 원하는 데이터를 스크래핑하기 위해 코드를 추가한다.
```

이전 함수를 호출해 원하는 페이스북 페이지를 로드하고 유효한 페이스북 이메일과 비밀번호를 사용해 생성된 HTML을 스크래핑할 수 있다.

페이스북 API

1장, '웹 스크래핑 소개'에서 살펴본 것처럼 데이터가 구조화된 포맷으로 돼 있지 않을 때 웹 사이트를 스크래핑하는 것은 최후의 수단이다.

페이스북은 사용자 계정을 통해 광범위한 공개 및 비공개 데이터 API를 제공하기 때문에 집중적인 브라우저 스크래퍼를 작성하기 전에 해당 데이터 API를 통해 찾고자

하는 데이터를 접근할 수 있는지 확인해야 한다.

가장 먼저 해야 할 일은 API를 통해 사용할 수 있는 데이터를 결정하는 것이다. 이를 제대로 알려면 먼저 API 문서를 참조해야 한다. 개발자 문서(https://developers.facebook.com/docs/)는 원하는 정보가 포함된 그래프[Graph] API를 비롯한 모든 타입의 API를 설명한다. API 또는 SDK를 사용해 페이스북과 상호 작용하는 프로그램을 구축해야 한다면 정기적으로 변경되는 문서를 확인하길 바란다. 그리고 해당 API는 사용하기 쉽다.

또한 페이스북 API 문서 중에 내장 그래프 API 탐색자[Graph API Explorer](https://developers.facebook.com/tools/explorer/)가 있다. 다음 스크린샷처럼 그래프 API 탐색자는 쿼리와 해당 쿼리의 결과를 테스트할 수 있는 것이 좋다.

여기에서 API를 검색해 팩트출판사의 페이스북 페이지[Page] ID를 검색할 수 있다. 그래프 탐색기를 사용해 API 탐색에 사용되는 액세스 토큰[Access Token]을 생성할 수도 있다.

그래프 API를 파이썬과 함께 사용하려면 고급 요청이 가능한 특수 액세스 토큰을 사용해야 한다. 다행히 이미 **facebook-sdk**(https://facebook-sdk.readthedocs.io)라는 라이브러리가 있다. pip를 사용해 facebook-sdk를 쉽게 설치할 수 있다.

```
pip install facebook-sdk
```

다음은 페이스북 그래프 API를 사용해 팩트출판사 페이지에서 데이터를 추출하는 예시다.

```
In [1]: from facebook import GraphAPI

In [2]: access_token = '....'   # 액세스 토큰을 여기에 추가한다.

In [3]: graph = GraphAPI(access_token=access_token, version='2.7')

In [4]: graph.get_object('PacktPub')
Out[4]: {'id': '204603129458', 'name': 'Packt'}
```

브라우저 기반 그래프 탐색기에서 실행한 것과 동일한 결과를 얻는다. 추출할 세부 정보를 추가로 보내 페이지에 대한 추가 정보를 요청할 수 있다. 세부 내용을 결정하기 위해 그래프 문서(https://developers.facebook.com/docs/graph-api/reference/page/)를 접근하면 페이지에 사용할 수 있는 모든 필드를 볼 수 있다. keyword 매개 변수 필드를 사용해 API에서 추가적으로 사용 가능한 필드를 추출할 수 있다.

```
In [5]: graph.get_object('PacktPub', fields='about,events,feed,picture')
Out[5]:
{'about': 'Packt provides software learning resources, from eBooks to video
courses, to everyone from web developers to data scientists.',
'feed': {'data': [{'created_time': '2018-12-23T10:30:00+0000',
'id': '204603129458_10155195603119459',
'message': "We've teamed up with CBR Online to give you a chance to win 5 tech
eBooks - enter by March 31! http://bit.ly/2mTvmeA"},
...
'id': '204603129458',
'picture': {'data': {'is_silhouette': False,
'url': 'https://scontent.xx.fbcdn.net/v/t1.0-1/p50x50/14681705_10154660327349459_
72357248532027065_n.png?oh=d0a26e6c8a00cf7e6ce957ed2065e430&oe=59660265'}}}
```

이전 예시의 응답은 올바른 포맷으로 구성된 파이썬 딕셔너리이기에 쉽게 파싱할 수 있다.

그래프 API에는 페이스북 개발자 페이지 문서(https://developers.facebook.com/docs/graph-api)에 나와 있는 대로 사용자 데이터에 접근할 수 있는 호출을 제공한다. 필요한 데이터를 기반으로 페이스북 개발자 애플리케이션을 생성해 더 오래 사용할 수 있는 접근 토큰을 제공할 수도 있다.

▌ GAP

사이트맵^{Sitemap}을 사용한 콘텐츠 탐색 방법을 설명하기 위해 Gap 웹 사이트를 사용한다.

Gap 웹 사이트는 웹 크롤러가 변경된 콘텐츠를 찾을 수 있도록 사이트맵이 잘 구성돼 있다. 1장, '웹 스크래핑 소개'의 기술을 사용해 웹 사이트를 탐색할 경우 사이트맵 링크가 포함된 http://www.gap.com/robots.txt에 robots.txt 파일이 있다.

- https://www.gap.com/sitemap.xml
- https://www.gap.com/native-sitemap.xml

다음은 링크된 사이트맵 파일의 내용이다.

```
<sitemapindex xmlns="http://www.sitemaps.org/schemas/sitemap/0.9">
<sitemap>
<loc>https://www.gap.com/sitemap_custom.xml</loc>
<lastmod>2018-11-02</lastmod>
</sitemap>
<sitemap>
<loc>https://www.gap.com/sitemap_store.xml</loc>
<lastmod>2018-11-02</lastmod>
```

```
</sitemap>
<sitemap>
<loc>https://www.gap.com/sitemap_special.xml</loc>
<lastmod>2018-11-02</lastmod>
</sitemap>
</sitemapindex>
```

여기에 표시된 것처럼 사이트맵 링크는 색인일 뿐이며 다른 사이트맵 파일에 대한 링크를 포함한다. 해당 사이트맵 파일에는 http://www.gap.com/products/womens-jogger-pants.jsp와 같은 수천 개의 제품 범주에 대한 링크가 있다.

해당 웹 페이지에는 크롤링할 콘텐츠가 많다. 따라서 4장, '병렬 다운로드'에서 개발한 스레드 크롤러를 사용한다. 스레드 크롤러는 페이지에서 일치하는 URL 패턴을 지원한다는 것을 기억할 것이다. scraper_callback 키워드 매개 변수를 정의해 더 많은 링크를 파싱할 수 있다.

다음은 Gap 사이트맵 링크를 크롤링하는 예시 콜백이다.

```
from lxml import etree
from threaded_crawler import threaded_crawler

def scrape_callback(url, html):
```

```
if url.endswith('.xml'):
    # 사이트맵 XML 파일을 파싱한다.
    tree = etree.fromstring(html)
    links = [e[0].text for e in tree]
    return links
else:
    # 스크래핑 코드를 여기에 추가한다.
    pass
```

이전 콜백은 먼저 다운로드한 URL 확장자를 확인한다. 다운로드한 URL의 확장자가 .xml이라면 사이트맵 파일로 판단한다. 따라서 lxmletree 모듈이 XML을 파싱하고 XML을 링크로 추출한다. 만약 다운로드한 URL의 확장자가 .xml이 아니라면 다운로드 URL은 카테고리 URL이지만 이 예시에서 카테고리 스크래핑을 구현하지 않았다. 이제 콜백을 스레드 크롤러와 함께 사용해 gap.com을 크롤링한다.

```
In [1]: from chp9.gap_scraper_callback import scrape_callback

In [2]: from chp4.threaded_crawler import threaded_crawler

In [3]: sitemap = 'https://www.gap.com/sitemap.xml'

In [4]: threaded_crawler(sitemap, '[gap.com]*', scraper_callback=scrape_
callback)
10
[<Thread(Thread-517, started daemon 140145732585216)>]
Exception in thread Thread-517:
Traceback (most recent call last):
...
File "src/lxml/parser.pxi", line 1843, in lxml.etree._parseMemoryDocument (src/
lxml/lxml.etree.c:118282)
ValueError: Unicode strings with encoding declaration are not supported. Please
use bytes input or XML fragments without declaration.
```

불행히도 lxml은 바이트 또는 XML 페이지에서 콘텐츠를 로드할 것을 기대하겠지만 대신 유니 코드^{Unicode} 응답을 저장했다. 따라서 정규식을 사용해 해당 응답을 파싱하고 3장, '다운로드 캐싱'과 4장, '병렬 다운로드'에서 디스크에 쉽게 저장할 수 있다. 그러나 scrape_callback 함수에서는 URL에 접근할 수 있다. 비효율적이지만 페이지를 다시 로드할 수 있다. XML 페이지에서만 스크래핑 작업을 수행하면 요청 수가 줄어들어 로드 시간이 너무 많이 걸리지 않게 될 것이다. 물론 캐싱을 사용한다면 더 효율적이다.

scrape_callback 콜백 함수를 다시 작성해 보자.

```
import requests

def scrape_callback(url, html):
    if url.endswith('.xml'):
        # 사이트맵 XML 파일을 파싱한다.
        resp = requests.get(url)
        tree = etree.fromstring(resp.content)
        links = [e[0].text for e in tree]
        return links
    else:
        # 스크래핑 코드를 추가한다.
        pass
```

이제 다시 실행한다면 성공할 것이다.

```
In [4]: threaded_crawler(sitemap, '[gap.com]*', scraper_callback=scrape_
callback)
10
[<Thread(Thread-51, started daemon 139775751223040)>]
Downloading: https://www.gap.com/sitemap.xml
Downloading: https://www.gap.com/sitemap_special.xml
Downloading: https://www.gap.com/products/index.jsp
```

```
Downloading: https://www.gap.com/profile/forgot_password.do?locale=en_US
Skipping https://www.gap.com/customerService/info.do?cid=81264&cs=return_
policies due to depth
Skipping https://www.gap.com/profile/order_history.do due to depth
Skipping https://www.gap.com/profile/sign_in.do?targetURL=/buy/shopping_bag.do
due to depth
Skipping https://www.gap.com/customerService/info.do?cid=1099008 due to depth
```

예상대로 사이트맵 파일을 먼저 다운로드한 후 사이트맵에서 다운받은 순서대로 고객 서비스 카테고리가 다운로드됐다. 웹 스크래핑 프로젝트 전반에 걸쳐 코드와 클래스를 수정해서 새로운 문제를 해결할 수 있게 됐다. 이는 인터넷에서 콘텐츠를 스크래핑할 수 있는 흥미로운 도전 과제중 하나일뿐이다.

▌ BMW

새로운 웹 사이트를 리버스 엔지니어링^{Reverse Engineering}하는 방법을 탐색하기 위해 BMW 사이트를 살펴볼 것이다. BMW 웹 사이트에는 현지 딜러를 검색할 수 있는 검색 사이트(https://www.bmw.de/de/fastlane/bmw-partner.html#/dlo/DE/de/BMW_BMWM#%2FDE%2Fde%2FBMW_BMWM)가 있다.

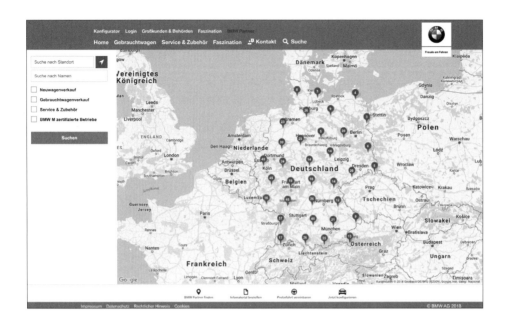

딜러 검색 툴은 딜러의 장소를 찾기 위해 Berlin을 검색하면 지도에서 Berlin과 가까운 장소에 있는 지점을 표시한다.

브라우저의 개발자 도구 툴의 Network 탭을 사용해 검색이 다음 AJAX 요청으로 호출됨을 알 수 있다.

```
https://c2b-services.bmw.com/c2b-localsearch/services/api/v3/
   clients/BMWDIGITAL_DLO/DE/
      pois?country=DE&category=BM&maxResults=99&language=en&
         lat=52.507537768880056&lng=13.425269635701511
```

여기에서 maxResults 매개 변수는 99로 설정된다. 그러나 이 쿼리에서 모든 장소를 다운로드하도록 이 값을 늘릴 수 있다. 1장, '웹 스크래핑 소개'에서 살펴본 기술이다. maxResults가 1000으로 증가할 때의 결과는 다음과 같다.

```
>>> import requests
>>> url = 'https://c2b-services.bmw.com/c2b-localsearch/services/api/v3/clients/
BMWDIGITAL_DLO/DE/pois?country=DE&category=BM&maxResults=%d&language=en&
lat=52.507537768880056&lng=13.425269635701511'
>>> jsonp = requests.get(url % 1000)
>>> jsonp.content
b'callback({"status":{
...
})'
```

이 AJAX 요청은 JSONP 포맷의 데이터를 제공한다. JSONP 포맷은 패딩이 포함된 JSON JSON with Padding을 의미한다. 패딩 Padding은 일반적으로 순수 JSON 데이터를 매개 변수로 호출하는 콜백 함수다(예시의 경우 callback 함수 호출이다). 패딩은 라이브러리로 쉽게 파싱될 수 없어서 데이터를 제대로 파싱하려면 패딩을 제거해야 한다.

파이썬의 json 모듈로 패딩 데이터를 파싱하려면 먼저 패딩을 제거해야 한다. 패딩은 슬라이싱 Slicing으로 처리할 수 있다.

```
>>> import json
```

```
>>> pure_json = jsonp.text[jsonp.text.index('(') + 1 : jsonp.text.rindex(')')]
>>> dealers = json.loads(pure_json)
>>> dealers.keys()
dict_keys(['status', 'translation', 'metadata', 'data', 'count'])
>>> dealers['count']
685
```

이제 모든 독일 BMW 딜러를 JSON 오브젝트(현재 685개)에 로드했다. 첫 번째 딜러
의 데이터는 다음과 같다.

```
>>> dealers['data']['pois'][0]
{
'key': '00081_3',
'name': 'BMW AG Niederlassung Berlin Filiale Weißensee',
'countryCode': 'DE',
'country': 'Deutschland',
'state': None,
'city': 'Berlin',
'postalCode': '13088',
'postbox': None,
'street': 'Gehringstr. 20',
'lat': 52.562568863415,
'lng': 13.463589476607,
'dist': 6.662869862853474,
'oh': None,
'attributes':
{
'distributionPartnerId': '00081',
'distributionCode': 'NL',
'outletId': '3',
'homepage': 'http://bmw-partner.bmw.de/niederlassung-berlin-weissensee',
'phone': '+49 (30) 200990',
'fax': '+49 (30) 200992110',
'mail': 'nl.berlin@bmw.de',
'facebookPlace': '',
```

```
'distributionBranches': ['T', 'F', 'G'],
'services': ['EB', 'PHEV'],
'businessTypeCodes': ['NO', 'PR'],
'outletTypes': ['FU'],
'requestServices': ['RFO', 'RID', 'TDA']
},
'category': 'BMW'
}
```

이제 관심있는 데이터를 저장할 수 있다. 다음은 딜러의 이름, 위도, 경도를 스프레드시트에 쓰는 코드다.

```
with open('../../data/bmw.csv', 'w') as fp:
    writer = csv.writer(fp)
    writer.writerow(['Name', 'Latitude', 'Longitude'])
    for dealer in dealers['data']['pois']:
        name = dealer['name']
        lat, lng = dealer['lat'], dealer['lng']
        writer.writerow([name, lat, lng])
```

이 예시를 실행하면 bmw.csv 스프레드시트의 내용은 다음과 비슷할 것이다.

```
Name,Latitude,Longitude
BMW AG Niederlassung Berlin Filiale Weißensee,52.562568863415,13.463589476607
Autohaus Graubaum GmbH,52.4528925,13.521265
Autohaus Reier GmbH & Co. KG,52.56473,13.32521

...
```

BMW에서 해당 데이터를 스크래핑하는 전체 소스 코드는 https://github.com/knight76/wswp/blob/master/code/chp9/bmw_scraper.py에서 확인할 수 있다.

외국어 콘텐츠 번역

BMW 딜러 검색 페이지의 첫 번째 스크린샷은 독일어로 표시됐지만 두 번째 스크린샷은 영어로 표시됐다. 두 번째 스크린샷은 브라우저의 구글 번역 확장 프로그램을 사용해 번역됐다. 이는 외국어로 웹 사이트를 탐색하는 방법을 이해하는 데 유용한 기술이다. BMW 웹 사이트가 번역되고 웹 사이트는 평소대로 동작한다. 하지만 구글 번역이 웹 사이트의 일부 화면이 깨질 수 있다. 예를 들어 셀렉트 박스의 콘텐츠가 번역되면서 폼이 원래 값에 의존적이면 일부 화면이 깨진다.

구글 번역은 크롬 브라우저의 Google Translate 확장 프로그램, Firefox 브라우저의 Google Translator 애드온으로 제공되며 인터넷 익스플로러에서는 구글 툴바로 설치할 수 있다. 또는 http://translate.google.com을 사용해 번역할 수도 있다. 그러나 포맷팅이 유지되지 않으므로 원시 텍스트에만 유용하다.

▍정리

9장에서는 유명하고 다양한 웹 사이트를 분석해 이 책에서 살펴본 기술들을 어떻게 적용할 수 있는지 설명했다. CSS 선택자를 사용해 구글 결과를 스크래핑했고, 브라우저 렌더러와 페이스북 페이지 API를 테스트했고 사이트맵을 사용해 Gap 웹 사이트를 크롤링하고, 지도에서 AJAX 호출을 활용해 모든 BMW 딜러를 스크래핑했다.

이제 이 책에서 다뤘던 모든 기술을 적용해 관심 있는 데이터가 포함된 웹 사이트를 스크래핑할 수 있다. 9장 앞부분에서 설명한 것처럼 이 책에서 살펴봤던 방법과 툴을 활용한다면 인터넷 웹 사이트와 콘텐츠를 쉽게 다룰 수 있을 것이다. 웹에서 콘텐츠를 추출한 후 파이썬으로 데이터 추출을 자동화하는 길고 유익한 여정을 시작하길 바란다.

찾아보기

에이콘출판의 기틀을 마련하신 故 정완재 선생님 (1935-2004)

파이썬 웹 스크래핑 2/e

수많은 데이터 사이에서 필요한 정보 수집하기

발 행 | 2019년 1월 2일

지은이 | 캐서린 자멀 · 리차드 로손
옮긴이 | 김 용 환

펴낸이 | 권 성 준
편집장 | 황 영 주
편 집 | 이 지 은
디자인 | 박 주 란

에이콘출판주식회사
서울특별시 양천구 국회대로 287 (목동)
전화 02-2653-7600, 팩스 02-2653-0433
www.acornpub.co.kr / editor@acornpub.co.kr

한국어판 ⓒ 에이콘출판주식회사, 2019, Printed in Korea.
ISBN 979-11-6175-252-5
ISBN 978-89-6077-210-6 (세트)
http://www.acornpub.co.kr/book/web-scraping-python-2e

이 도서의 국립중앙도서관 출판시도서목록(CIP)은 서지정보유통지원시스템 홈페이지(http://seoji.nl.go.kr)와
국가자료공동목록시스템(http://www.nl.go.kr/kolisnet)에서 이용하실 수 있습니다.(CIP제어번호: CIP2018041629)

책값은 뒤표지에 있습니다.